知っておきたい 日本仏教各宗派

その教えと疑問に答える

法相宗
天台宗
真言宗
融通念佛宗
浄土宗
浄土真宗
臨済宗
曹洞宗
日蓮宗
時宗

大法輪閣編集部〔編〕

大法輪閣

目次

第一章

日本仏教各宗派の基礎知識……7

まえおき……8

① 法相宗の基礎知識……村上太胤 9
法相宗・知っておきたいポイント…9／法相宗の教えの要点…9／法相宗の特徴…12／法相宗理解を深めるための筆者オススメの本…12

② 天台宗の基礎知識……山田俊尚 13
天台宗・知っておきたいポイント…13／天台宗の教えの要点…13／天台宗の特徴…15／天台宗理解を深めるための筆者オススメの本…17

③ 真言宗の基礎知識……小松庸祐 18
真言宗・知っておきたいポイント…18／真言宗の教えの要点…18／真言宗の特徴…20／真言宗理解を深めるための筆者オススメの本…22

④ 融通念佛宗の基礎知識……吉村暲英 23
融通念佛宗・知っておきたいポイント…23／融通念佛宗の教えの要点…23／融通念佛宗の特徴…24／融通念佛宗理解を深めるための筆者オススメの本…26

⑤ 浄土宗の基礎知識……藤本淨彦 27
浄土宗・知っておきたいポイント…27／浄土宗の教えの要点…27／浄土宗の特徴…28／浄土宗理解を深めるための筆者オススメの本…29

⑥ 浄土真宗の基礎知識……直林不退 31
浄土真宗・知っておきたいポイント…31／浄土真宗の教えの要点…31／浄土真宗の特徴…34／浄土真宗理解を深めるための筆者オススメの本…35

⑦ 臨済宗の基礎知識……杉田寛仁 36
臨済宗・知っておきたいポイント…36／臨済宗の教えの要点…36／臨済宗の特徴…37／臨済宗理解を深めるための筆者オススメの本…38

⑧ 曹洞宗の基礎知識……青山俊董 40
曹洞宗・知っておきたいポイント…40／曹洞宗の教えの要点…40／曹洞宗の特徴…41／曹洞宗理解を深めるための筆者オススメの本…43

⑨ 日蓮宗の基礎知識……互井観章 44
日蓮宗・知っておきたいポイント…44／日蓮宗の教えの要点…44／日蓮宗の特徴…46／日蓮宗理解を深めるための筆者オススメの本…47

⑩ 時宗の基礎知識……朝野倫徳 48
時宗・知っておきたいポイント…48／時宗の教えの要点…48／時宗の特徴…50／時宗理解を深めるための筆者オススメの本…51

第二章

各宗派が説く〝仏教的生き方〟……53

まえおき……54

① 法相宗が説く〝生き方〟……村上太胤 55
法相宗が説く仏教的生き方…55／現代人へのメッセージ…58

② 天台宗が説く〝生き方〟……山田俊尚 61
天台宗が説く仏教的生き方…61／現代人へのメッセージ…66

③ 真言宗が説く〝生き方〟……小松庸祐 68
真言宗が説く仏教的生き方…68／現代人へのメッセージ…73

④ 融通念佛宗が説く〝生き方〟……吉村暲英 75
融通念佛宗が説く仏教的生き方…75／現代人へのメッセージ…80
⑤ 浄土宗が説く〝生き方〟……藤本浄彦 82
浄土宗が説く仏教的生き方…82／現代人へのメッセージ…87
⑥ 浄土真宗が説く〝生き方〟……直林不退 88
浄土真宗が説く仏教的生き方…88／現代人へのメッセージ…92
⑦ 臨済宗が説く〝生き方〟……杉田寛仁 94
臨済宗が説く仏教的生き方…94／現代人へのメッセージ…99
⑧ 曹洞宗が説く〝生き方〟……青山俊董 101
曹洞宗が説く仏教的生き方…101／現代人へのメッセージ…106
⑨ 日蓮宗が説く〝生き方〟……互井観章 108
日蓮宗が説く仏教的生き方…108／現代人へのメッセージ…113
⑩ 時宗が説く〝生き方〟……朝野倫徳 115
時宗が説く仏教的生き方…115／現代人へのメッセージ…118

第三章

各宗派への疑問に答える

各宗派への疑問に答える……121
まえおき……122
① 奈良仏教各宗への疑問……村上太胤 123
新時代に向けて目指すものとは？…123／奈良仏教の宗派には、どんな違いがあるか？…125／奈良と京都のお寺の違いは？…127／聖徳太子はなぜ仏教を大切にし

たのか？……129／奈良仏教は、なぜ檀家やお墓を持たないのか？……130／奈良仏教のお寺は奈良にしかない？……131／鑑真はなぜあんなに苦労してまで来日したのか？……132／なぜ奈良の大仏は造られたか？……132

② 天台宗への疑問……杉谷義純 134

新時代に向けて目指すものとは？……134／最澄は、なぜ比叡山延暦寺をつくったのか？……136／なぜ比叡山は織田信長に焼かれたのか？……137／千日回峰行や十二年籠山行のような厳しい修行をするわけは？……138／天台宗は密教を行うのに、なぜ「朝題目・夕念仏」というのか？……139／本尊がいろいろあるのはなぜ？……140／なぜ数ある経典の中で法華経を最高とするのか？……141／同じく法華経を重要視する日蓮宗との違いは？……142／天台宗の密教と真言宗の密教は同じか？……143

③ 真言宗への疑問……網代裕康 145

新時代に向けて目指すものとは？……145／なぜ空海は高野山をつくったのか？……146／なぜ四国と関係が深いのか？……147／なぜ「密教（秘密）」なのか？……147／なぜ真言宗では加持祈祷をするお寺が多いのか？……148／護摩を焚くのはなぜ？……149／曼荼羅は何を意味しているのか？……150／大日如来とお釈迦様の関係は？……151／真言は呪文？……152／真言密教と天台密教との違いは？……153／真言密教とチベット密教との違いは？……153／密教でよく超能力をいうのはなぜか？……154／実際は亡くなっているのに、空海は入定しているというのはなぜ？……155／空海が修行した求聞持法とは、そんなに大事な修行なの？……156

④ 浄土宗への疑問……林田康順 157

新時代に向けて目指すものとは？……157／なぜ念仏を称えると極楽往生できるのか？……159／なぜ本尊がお釈迦様ではなく阿弥陀様なのか？……160／極楽往生とは死後、理想郷へ行くこと？……160／本当に死後に極楽往生する以外、救いの道はないのか？……161／念仏は称えれば称えるほど救われるのか？……162／なぜ修行も戒律も必要ないと説くのか？……163／なぜ念仏は弾圧されたのか？……164／浄土真宗

とはどこが違うのか？…165／浄土宗が徳川家と関係が深いのはなぜ？…166

⑤ **浄土真宗への疑問**……狐野秀存 167

新時代に向けて目指すものとは？…167／なぜ親鸞は法然の弟子になったのか？…168／親鸞が妻帯したのはなぜか？…168／「他力本願」の本当の意味とは？…170／仏壇に立体の阿弥陀像ではなく絵像や名号を飾るのはなぜ？…170／浄土真宗のお坊さんはなぜ髪をのばしていいの？…171／念仏は何のために称えるのか？…172／同じ法然の教えを受け継ぐ浄土宗との違いは？…173／親鸞は、なぜ悪人が救われると説いたのか？…173／なぜ他宗のような修行をしないのか？…174／なぜ戒名をつけないのか？…175／葬儀で「清め塩」を使わないのはなぜ？…175／門徒はなぜ占いや吉凶にとらわれないのか？…176／東西本願寺の教えに違いはあるか？…177／なぜ般若心経を読まないのか？…177／なぜ真宗を信仰する人たちを「門徒」と呼ぶのか？…178

⑥ **臨済宗への疑問**……藤原東演 179

新時代に向けて目指すものとは？…179／公案とは何のためのものか？…180／臨済宗が茶道とかかわりが深いのはなぜ？…180／臨済宗と曹洞宗の違いは？…181／特定の本尊が決まっていないのはなぜ？…182／「不立文字」といいながら、なぜ多くの禅の語録があるのか？…183／「教外別伝」とはお経を大事にしないこと？…184／なぜ開祖の栄西より白隠のほうが重んじられている？…185／なぜ坐禅をするのか？…186／なぜ禅問答では奇妙な言動がなされるのか？…187／公案が通るということが悟りなのか？…188／師と弟子の公案のやりとりは、なぜ秘密にするのか？…189／悟りを目指すとは、どういうことか？…190／臨済宗と黄檗宗との違いは？…191／「師家」とはどのような存在か？…192／在家の人でも坐禅で悟りを開けるか？…192

⑦ **曹洞宗への疑問**……関口道潤 194

新時代に向けて目指すものとは？…194／永平寺と總持寺——二つの本山があるの

はなぜ？…195／只管打坐とは何か？…196／曹洞宗の本尊とは？…198／道元はなぜ大小便の作法まで厳しかったのか？…198／坐禅をしてどんな心境になろうとしているのか？…200／「無所得、無所悟」といって悟りを求めないとは、どういうことか？…201／どうして典座の仕事を重要視するのか？…201／あの難解な『正法眼蔵』を当時の弟子たちは理解できたのか？…203／臨済宗との考え方の違いは？…205

⑧日蓮宗への疑問……中島教之 206

新時代に向けて目指すものとは？…206／「荒行」は何のためにするのか？…207／日蓮があちこちに流されたのはなぜ？…207／なぜ法華経だけを重んじるのか？…208／地方の漁師の子であった日蓮が、なぜ比叡山で勉学できたのか？…209／なぜ題目を唱えるのか？…210／日蓮が他宗を激しく批判したのはなぜ？…211／霊山浄土と極楽浄土の違いは？…211／同じ法華経を重んじる天台宗との違いは？…212／なぜ政治問題に積極的なのか？…214／なぜ日蓮宗から出た新興宗教が多いのか？…215／日蓮宗と創価学会との違いは？…215

付録

日本仏教史略年表……217

本書執筆者一覧……223

◎装幀……福田 和雄（FUKUDA DESIGN）

第一章

日本仏教各宗派の基礎知識

まえおき

この章では、法相宗《ほっそうしゅう》・天台宗《てんだいしゅう》・真言宗《しんごんしゅう》・融通念佛宗《ゆうずうねんぶつしゅう》・浄土宗《じょうどしゅう》・浄《じょう》土《ど》真宗《しんしゅう》・臨済宗《りんざいしゅう》・曹洞宗《そうとうしゅう》・日蓮宗《にちれんしゅう》・時宗《じしゅう》の10宗について、各宗派の「教えの要点」「特徴」「理解を深めるための筆者オススメの本」を、それぞれ解説・紹介します。

※「理解を深めるための筆者オススメの本」については、品切れや絶版、出版社がなくなっている等により現在入手困難な書籍も含まれています。ご了承ください。

1 法《ほっ》相《そう》宗《しゅう》の基礎知識

村上《むらかみ》太胤《たいいん》

法相宗・知っておきたいポイント

【開祖】…中国の玄奘三蔵《げんじょうさんぞう》（六〇二～六六四）を始祖とし、その弟子・慈恩大師基《じおんだいしき》（六三二～六八二）を宗祖とする。
【本尊】…弥勒三尊《みろくさんぞん》など（特に決まっていない）
【本山】…薬師寺《やくしじ》と興福寺《こうふくじ》（いずれも奈良市）を二大本山とする。

● 法相宗の教えの要点

「法」という字は、仏教的に多様な表現のなされる文字ですが、こと「法相宗《ほっそうしゅう》」と言った場合には自分自身を含め存在するすべてのものを指しています。「相」とは、姿形やあり方のことですから、一切の存在のあり方を解き明かすのが法相宗という言葉の意味になります。

また、時折「法性宗《ほっしょうしゅう》」とも呼ばれますが、「性」はものごとの内側に宿る性質のことで、これもまた外側に見えるあり方と同様に解き明かしていきます。ただ、私たちは主に外側に見えるものごとに迷いを生み出しますから、性より相を重視する必要があるのです。

ただし、ものごとのあり方は受け取る側の認識によって変化します。たとえば、流れる河を見たときに人間はそれをたくさんの水だと思いますが、魚などの目には住居と見えていることでしょう。また、世親《せしん》菩薩の『唯識二十論《ゆいしきにじゅうろん》』では、餓鬼道《がきどう》に生きる者の眼には膿《うみ》の溜まった河が映るとされています。このように、受け取る側の数だけ世界は存在します。

言い換えれば、認識（こころ）のはたらきを離れてものごとは存在しないのです。そこで、ただ識を解き明かす「唯識」という教えを、複雑な論理を駆使して説いていきます。

唯識の教えでは、認識を段階的に説明していきます。まず、私たちが自然に行っている感官のはたらきです。視覚（眼識《げんしき》）、聴覚（耳識《にしき》）、嗅覚（鼻識《びしき》）、味覚（舌識《ぜっしき》）、触覚（身識《しんしき》）の五つが受けた情報を、第六感と言われる意識が受け取ります。ここまでを前六識《ぜんろくしき》といい、その奥には第七末那識《まなしき》というはたらきがあります。これはいわゆる自我を形成しています。「あれが好きだ、嫌いだ」などと感情的な作用を生むことから、煩悩に汚された「染汚意《ぜんまい》」とも呼ばれ、迷いのもとになるとされています。そんな七つそれぞれの認識をすべて保っているのが、第八阿《あ》頼耶識《らやしき》です。

この阿頼耶識は、あらゆる経験や記憶を収納することから「蔵識《ぞうしき》」と訳されます。唯識教学の発展に伴い、前六識が認識する外界の対象までも阿頼耶識が生み出すことから「根本識《こんぽんしき》」とも呼ばれます。西洋心理学では潜在意識などと呼ばれるものを、千六百年前から追求していたわけです。

前述の八識《はっしき》説により、ものごとがすべて認識（こころ）によって成り立っているという理論が立てられましたが、法相宗ではそうして生み出された現象世界を「五位百法《ごいひゃっぽう》」という方法で分類します。認識の主体となる「①心王《しんのう》」、心王の持つはたらき「②心所《しんじょ》」、外側の世界全般を表す「③色《しき》」、内でも外でもない「④不相応《ふそうおう》」（時間や数などを指す）、以上の四つの影響を受けない「⑤無為《むい》」を合わせた五位を、さらに詳細に分類して百種類にしたものが百法となります。

唯識思想の大成者・世親菩薩

中でも特に細かく分けられたのが心所ですが、それだけ人間の内面は複雑なのでしょう。たとえば恥じることを「慚愧《ざんき》の念」といいますが、この慚と愧とは前向きな、良い心所といえます。それに対して「疑《ぎ》」「放逸《ほういつ》」という悪い心所なども説かれています。良い感情も悪い感情も、ひいてはそれらを引き起こす「色」さえもが己れから生まれるのだということです。これらを見つめ直せるのは、他でもない私たち自身なのです。

● 法相宗の特徴

法相宗の非常に有名な特徴の一つとして「五《ご》姓《しょう》各別《かくべつ》説」というものがあります。人間をその機根《きこん》（素質・能力）に応じて声聞定姓《しょうもんじょうしょう》・独覚《どっかく》定姓・菩薩定姓・不定《ふじょう》種姓・無性有情《むしょううじょう》姓という違いで区別するのです。なぜこの五姓各別が有名かというと、五姓の中で無性有情姓というのは悟る能力の無い人を指すのです。これに対して、「一切衆生悉有仏性《いっさいしゅじょうしつうぶっしょう》」（およそすべての生あるものは成仏できる）という考えにより、法相宗と他宗との間でしばしば論争が起きることがありました。

私たち仏教徒は、みんな仏になることを目標としています。だとすれば、悟りを開けない人がいるのは残酷かも知れません。しかし、迷いのあふれる娑婆《しゃば》世界に身を置く私たちであるからこそ、現実にしっかりと眼を向けて自らの未熟さやさまざまな煩悩を調《ととの》えるべきであると私は感じます。

● 法相宗理解を深めるための 筆者オススメの本

『唯識の読み方――凡夫が凡夫に呼びかける唯識』（太田久紀《おおたきゅうき》著、大法輪閣　※編集部注……本書は現在品切れとなっています。ご了承ください）

唯識学は仏教の入口として言葉と道理を尽して説明された教えであります。

不完全な自分を立ちどまって凝視する、凡夫としての立場で人間のこころを深く深く究め、凡夫としての人間がどうすれば人間を超えていくことができるのかを、唯識の教えを通して諄々《じゅんじゅん》と説いた現代の名著であると思います。

2 天台宗《てんだいしゅう》の基礎知識

山田《やまだ》 俊尚《しゅんしょう》

天台宗・知っておきたいポイント

【開祖】…中国の天台大師智顗《てんだいだいしちぎ》（五三八〜五九八）**が高祖で、日本では伝教大師最澄《でんぎょうだいしさいちょう》**（七六七〈一説に七六六〉〜八二二）**が宗祖。**

【本尊】…常寂光土第一義諦久遠実成多宝塔中釈迦牟尼世尊《じょうじゃっこうどだいいちぎたいくおんじつじょうたほうたっちゅうしゃかむにせそん》（他の仏菩薩を本尊としてもよい。ただしこの久遠の仏の顕現《けんげん》と考える）

【本山】…比叡山延暦寺《ひえいざんえんりゃくじ》（滋賀県大津市）**を総本山とする。**

● 天台宗の教えの要点

天台宗の教えの根本は『法華経《ほけきょう》』です。

法華経の教えの前半の迹門《しゃくもん》の要点は「全ての人が仏になれる」ということをお釈迦様が証明（授記《じゅき》）して下さったというところにあります。

そして、後半の本門《ほんもん》では、釈迦すなわち仏の寿命が無限であることが明かされます。仏が姿を消したのは衆生にやる気を出させるための方《ほう》便《べん》で、実は仏は常に在りいつも私達を見守って

伝教大師最澄

いる（法華経・如来寿量品《にょらいじゅりょうほん》第十六）ことが明かされました。私達の理解や常識を越えたところに仏の寿命や真実の姿があり、その真実をもとに数々の奇跡的ともいえる場面が法華経に描かれています。

「全ての人は仏になれる」ということから「一《いっ》切衆生《さいしゅじょう》　悉有仏性《しつうぶっしょう》（全てのものに仏になる性質が備わっている）」という教えがうまれました。そして私達は法華経の教えを信じ学び、真実の自分の姿を心静かに観察し、毎日を生活し精進《しょうじん》することを奨励します。この真の姿を心静かに観察することを「止観《しかん》」といいます。

比叡山延暦寺・根本中堂

そして、悟りを開き仏になることは、人間の狭い判断で誰かを選ぶような限定されたものではありません。「全ての人が仏になれる」のは、全ての人の理解を越えるほど仏は無限で大きいからこそ、全ての人はそこに含まれてしまうからです。これを法華一乗《ほっけいちじょう》の教えといっています。

「全てのものが仏になれること」。そして仏の真の姿を「止観」し生活していくことが、天台宗の教えの要点なのです。

●天台宗の特徴

天台宗の特徴は、本山の比叡山《ひえいざん》において今も様々な修行方法が伝承そのままに実践され生きているということです。

その中でも有名な修行に、千日回峰行《せんにちかいほうぎょう》と浄土院の侍真僧《じしんそう》による十二年籠山行《ろうざんぎょう》があります。

【千日回峰行】

千日回峰行は平安時代に相応和尚《そうおうかしょう》という僧侶が不動明王《ふどうみょうおう》の信仰を根本に作り上げた修行方法です。比叡山の中の無動寺《むどうじ》というお寺を中心に行われ、現在でも厳格なその修行方法が伝えられ実践されている、七年間をかけて比叡山の山道や京都市内を千日間歩いて巡拝する修行です。

この行の途中、七百日の修行が終わった時点で「堂入《どうい》り」といわれる難関の修行があります。この行は「断食、断水、不眠、不臥」で、九日間お堂に籠《こ》もり、何万遍も不動明王の御真言《ごしんごん》を唱えます。通常、人間がこの状態で生きられる生理的限界は三日間と言われていることを考えれば、本当に命がけの厳しい行なのです。

千日回峰行

そして、この堂入りを満行《まんぎょう》すると、阿闍梨《あじゃり》となって比叡山から京都市内に降りて行き、衆《しゅ》生《じょう》救済の化他行《けたぎょう》に入ります。この間、本当に多くの信者さんにお参りをいただき、それに応える形で阿闍梨さんも信者さんにお加持《かじ》をしていきます。比叡山や大津坂本の方々をはじめ、京都の方々の生活に浸透している、命がけの千日回峰行が、当初の姿そのままに実践されています。

【浄土院での十二年籠山行】

天台宗で一番の浄域が比叡山中にある伝教《でんぎょう》大師《だいし》の御廟《ごびょう》のある浄土院です。ここでは伝教大師が生きているものとしてお仕えし、毎日特別な修行が行われています。

ここで伝教大師にお仕えする僧が「待真僧」という特別な僧です。そして、この待真僧になるためには「好相行《こうそうぎょう》」という修行をしなければなりません。「好相行」とは一日三千回の五《ご》体投地《たいとうち》の礼拝行《らいはいぎょう》を仏が目の前に現れるまで続ける行です。

体の動きとしてはスクワットにも似た五体投

地ですが、元気な時でも百回するのに三十分はかかります。ですから休まず続けて少なくとも十五時間スクワットのような礼拝行を続けなければなりません。当然毎日続けていれば疲労もたまりもっと時間もかかります。結局は一日中、寝る間もなくこの行を続けることになります。そしてだいたい平均して三か月位この行を続けて、やっと仏に出会えるというのです。

この行の指導は、この好相行を前に満行した僧がします。行者が仏を見た時は、その眼の輝きから一見して「仏を感得《かんとく》した」とわかるそうです。

そして、この行で待真僧になる資格を得て、さらにこの後、生身《しょうしん》の伝教大師にお仕えし修行する十二年籠山行を修行するのです。

比叡山・天台宗ではその教えや伝統が僧の命がけの修行によって形式だけでなく、その本来の意義が確実に保たれ伝えられています。

●天台宗理解を深めるための筆者オススメの本

『君は仏　私も仏』（堀澤《ほりさわ》祖門《そもん》著、恒文社）

以前待真僧であった堀澤祖門師の著書です。好相行での修行体験や、坐禅止観の方法が分かりやすく書かれています。机上《きじょう》の空論とはほど遠い、実際に生きている仏道がここにあります。必読です。

3 真《しん》言《ごん》宗《しゅう》の基礎知識

小松《こまつ》 庸祐《ようゆう》

●真言宗の教えの要点

お大師さま（弘法大師空海《こうぼうだいしくうかい》）の著書『即身成《そくしんじょう》仏義《ぶつぎ》』に、「六大無礙《ろくだいむげ》にして常に瑜伽《ゆが》なり。四《し》種曼荼《しゅまんだ》各々《おのおの》離れず。三密加持《さんみつかじ》すれば速疾《そくしつ》に顕《あらわ》る。重々帝綱《じゅうじゅうたいもう》なるを即身《そくしん》と名づく」と説かれています。「六大」「四種曼荼（羅）」「三密加持」などの語が、お大師さまの教えを理解するためのキーワードとなります。

六大《ろくだい》とは、「地《ち》・水《すい》・火《か》・風《ふう》・空《くう》・識《しき》」のことで、これらが宇宙に遍在し、融合しあうこと

真言宗・知っておきたいポイント

【開祖】…弘法大師空海《こうぼうだいしくうかい》（七七四〜八三五）

【本尊】…大日如来《だいにちにょらい》（他の仏菩薩を本尊としてもよい。ただし、全ての仏菩薩の本質は大日如来であると考える）

【本山】…高野山金剛峯寺《こうやさんこんごうぶじ》（和歌山県伊都郡高野町）、教王護国寺《きょうおうごこくじ》（通称・東寺《とうじ》、京都市）

など〝真言宗十八本山〟がある。

によって万物が成立していると説きます。

四種曼荼羅《ししゅまんだら》とは、①宇宙の全体を表わす「大《だい》曼荼羅」、②宇宙のさまざまな象徴物で構成される「三昧耶《さんまや》曼荼羅」、③宇宙の現象と言語を示す「法《ほう》曼荼羅」、④宇宙の活動と作用を示す「羯磨《かつま》曼荼羅」の四つです。

弘法大師空海（お大師さま）

六大と四種曼荼羅とは、難解な概念ですが、端的に言えば、「大日如来《だいにちにょらい》」の働きのことです。

これに対して行者が、身《しん》・口《く》・意《い》を駆使して祈りを捧げる——具体的には、手に印《いん》を結び、口に真言を誦《じゅ》し、心に本尊の悟りの世界を観想する——ことによって、大日如来の働きが行者に宿ることを「三密加持《さんみつかじ》」と言います。

大日如来

したがって、行者が、祈りの中で大日如来と一体となり、「即身成仏《そくしんじょうぶつ》」（この身このままで仏となる）の境地を得るということが、お大師さまの教えの要点なのです。

●真言宗の特徴

真言宗には二つの流れがあります。一つは、お大師さまの直系の流れとなる「古義《こぎ》真言宗」と、お大師さまの教えをさらに改革した興教《こうぎょう》大師覚鑁《だいしかくばん》の流れを汲む「新義真言宗」です。当然ながら、どちらもお大師さまの教えを受け継ぐものであり、際立《きわだ》った違いはありません。

また、皇室関係とのつながりを持つ本山が多いのも、真言宗の特徴です。

現在は次のような十六派・十八本山が集まり、「真言宗十八本山会《え》」が、大きな法要や事業を推進しています。

【古義真言宗】〈（）内は本山〉

高野山《こうやさん》真言宗（金剛峯寺《こんごうぶじ》）／東寺《とうじ》真言宗（東寺）／真言宗善通寺派（善通寺《ぜんつうじ》）／真言宗善通寺派（随心院《ずいしんいん》）／真言宗大覚寺派（大覚寺《だいかくじ》）／真言宗御室《おむろ》派（仁和寺《にんなじ》）／真言宗山階《やましな》派（勧修寺《かじゅうじ》）／真言宗醍醐《だいご》派（醍醐寺）／真言宗泉涌寺《せんにゅうじ》派（泉涌寺）／信貴山《しぎさん》真言宗（朝護孫子寺《ちょうごそんしじ》）／真言律宗《りっ》（西大寺《さいだいじ》）／真言律宗（宝山寺《ほうざんじ》）／真言宗須磨寺《すまでら》派（福祥寺《ふくしょうじ》）／真言宗中山寺《なかやまでら》派（中山寺）／真言三宝宗《さんぽう》（清澄寺《せいちょうじ》）

【新義真言宗】〈（）内は本山〉

新義真言宗（根来寺《ねごろじ》）／真言宗智山《ちさん》派（智積院《ちしゃくいん》）／真言宗豊山《ぶざん》派（長谷寺《はせでら》）

右記のうち、いくつかの本山をご紹介します。

金剛峯寺は、高野山真言宗の総本山です。皇室・公家《くげ》・大名の帰依を受け、また聖《ひじり》・行者の活動により大師信仰が広まりました。大師入《にゅう》定《じょう》の奥之院までの参道には多くの供養塔や墓が並んでいます。

高野山・奥之院への参道

東寺（教王護国寺《きょうおうごこくじ》）は、日本一高い五重塔があります。真言宗十八本山が、毎年の初めに国家の安穏《あんのん》を祈る「後七日御修法《ごしちにちみしほ》」は、この東寺の灌頂院《かんじょういん》で行われています。

泉涌寺は、明治までは天皇家、皇室の菩提寺《ぼだいじ》として護持されていました。人々は御寺《みてら》と呼び尊崇していました。

根来寺は、新義真言宗の総本山。興教大師覚

東寺（教王護国寺）・五重塔

智積院・金堂

鑁開基。壮大な伽《が》藍《らん》があります。

智積院は、長谷《はせ》川《がわ》等伯《とうはく》の障壁画《しょうへきが》で有名。真言教学の名僧を多く輩出しました。

長谷寺は、西国巡礼ゆかりの徳道《とくどう》上人《しょうにん》開基。古典文学の世界に多く登場するお寺です。

● 真言宗理解を深めるための筆者オススメの本

『空海・般若心経の秘密を読み解く』（松長有《まつながゆう》慶《けい》著、春秋社）

般若心経は、実に多くの人々が読み、また書く（写す）、国民的経典です。

本書は、般若心経に対するお大師さまの独自の見解を示した著書『般若心経秘鍵《ひけん》』を解説するものです。高野山大学・大学院の通信講座のテキストとして編集されています。

「大師が般若心経を解するにあたり、あえて題名に〝秘鍵〟とつけた。これは、般若心経が一般的に大乗仏教の空を説く経典とみられているのに対し、大師は〝般若菩薩《はんにゃぼさつ》の悟りの境地そのものである〟ということを示し密教の経典とした」ことが書かれています。

般若心経をお大師さまと一緒に読む視点として、また顕教《けんぎょう》に対し、密教がどういう特質をもっているのかということを学べる好書です。

4 融《ゆう》通《ずう》念《ねん》佛《ぶつ》宗《しゅう》の基礎知識

吉村《よしむら》暲英《しょうえい》

融通念佛宗・知っておきたいポイント

【開祖】…良忍上人《りょうにんしょうにん》（一〇七二〜一一三二）

【本尊】…十一尊天得阿弥陀如来《じゅういっそんてんとくあみだにょらい》の画像（宗祖・良忍上人が感得したもの）

【本山】…大念佛寺（大阪市）を総本山とする。

● 融通念佛宗の教えの要点

融通念佛宗は、阿弥陀仏を思念の対象として念仏を称《とな》えることによって、その念仏のもつ徳性が相互に作用し、自分と他のすべての人がともどもに一つに融《と》け合い、苦悩の娑婆《しゃば》世界に生きる喜びと幸せを築いていくことを眼目としています。

それは人間が本来的にもっている仏と同等の清らかな心の種子が、念仏というよき縁に催《もよお》されて開花するからです。

●融通念佛宗の特徴

【速疾往生《そくしつおうじょう》と唯心浄土《ゆいしんのじょうど》】

念仏を称えて西方《さいほう》の極楽浄土を願うのではなく、今、ここを極楽浄土に転じていくことを主眼としています。

これは西方浄土を否定しているのではありません。心は本来、人間の知恵でははかり知れない神秘的な広さと深さをもっているものですから、その中に西方浄土もすっぽり入っているということなのです。

だから極楽往生は死後に叶《かな》うのではなく、この心にめざめたなら今、ここが極楽であるのです。

【他力《たりき》】

普通、浄土門では阿弥陀仏の本願力（衆生を済《すく》わずにはおかないという願いと力）を他力といい、自己のはからいを捨て、仏に任《まか》せきって助かっていくことを他力往生といいます。

本宗は、慈悲の光に照らされた自他の念仏、すなわち一人《いちにん》の念仏と一切人《いっさいにん》の念仏が一体となることを他力といっています。阿弥陀仏と自と他の三者が融通し、念仏の輪の中で救われていくことを他力往生といっているのです。

【名帳《みょうちょう》】

宗祖良忍上人は、融通念仏の教えに帰入し日課の念仏を相続することを誓約した信者に、帳簿に名前を記入する方法を創《はじ》められました。その帳簿を「名帳」といい、署名した人を「名《みょう》帳結衆《ちょうけっしゅ》」と呼んでいます。またその布教方法を名帳勧進《かんじん》といい、近世に至るまで盛んに行われました。現在は各末寺で修せられる伝法《でんぽう》（五日間、お寺にこもり宗の血脈《けちみゃく》を伝える儀式）のときこれを行います。

また融通念仏会《え》と称し、別に法会《ほうえ》を設けて行うこともあります。名帳結衆は古今より念仏の絆《きずな》によって結ばれ、その徳と力を融通しあうのです。

良忍上人

【神祇同音《じんぎどうおん》】

前記の名帳とは別に「神名帳《じんみょうちょう》」といわれるものがあります。これは天治《てんじ》二年（一一二五）、鞍馬寺《くらまでら》の多聞天王が融通念仏のすぐれた力に感銘し、神々の世界に融通念仏を勧め、各々その名を記入せしめて良忍上人に与えたといわれるもので、梵天《ぼんてん》、帝釈《たいしゃく》、四天王をはじめ、日本国内

大念佛寺・本堂

の八百万神《やおよろずのかみ》の名が連ねられており、神々も融通念仏の信者であるということを表しています。これを「神祇同音」というのです。早くから日本古来の神祇崇拝と結びついていた点で興味深いといえます。

●融通念佛宗理解を深めるための筆者オススメの本

『法明《ほうみょう》上人六百五十回御遠忌記念論文集』
（融通念佛宗教学研究所編、百華苑）

法明上人（一二七九〜一三四九）は融通念佛宗第七世の法燈を継承した人で、河州深江《ふかえ》（現・大阪市東成区）に誕生。二十五歳で高野山に登り、千手院谷真福院の俊賢《しゅんけん》法印について出家。密教を修学しましたが、のち念仏に帰依《きえ》し、四十三歳、石清水八幡大士の神勅《しんちょく》により、融通念佛宗の法燈を伝授され、各地に講《こう》を組織し、宗団の基礎を固めました。ゆえに中興の祖と仰がれています。

この論文集は、次の四部に分かれています。

第一部　法明上人とその信仰
第二部　融通念佛宗とその信仰
第三部　仏教と日本人の精神生活
第四部　庶民信仰と民俗芸能

各々の専門分野から三十一名の宗内外の研究者が執筆していて、読み応えがあります。特に第一部と第二部は、法明上人の活躍を通じて中世の宗の動向を知る上で興味深いものです。

また宗の教義も斬新な論考がなされています。第三部と第四部は、宗とは直接関係のないものですが、民間信仰の種々相に触れることができる点で一読に価《あたい》するものです。

5 浄《じょう》土《ど》宗《しゅう》の基礎知識

藤本《ふじもと》 浄彦《きよひこ》

浄土宗・知っておきたいポイント

【開祖】…法然上人《ほうねんしょうにん》（一一三三〜一二一二）
【本尊】…阿弥陀仏《あみだぶつ》
【本山】…総本山は知恩院《ちおんいん》（京都市）で、大本山は増上寺（東京芝）、黒谷金戒光明寺（京都市）、善光寺大本願（長野市）など七山ある。

● 浄土宗の教えの要点

浄土宗の教えは、信仰の目的と対象と方法という三要素から捉えることができます。信仰の目的は浄土へ往生することであり、信仰の対象は阿弥陀仏であり、その目的を実現する方法は口称念仏《くしょうねんぶつ》です。

信仰する目的は、現実の世界を苦悩し迷いを繰り返して生きている人間（私）が、阿弥陀仏の聖意（本願）の働く世界である浄土に、阿弥陀仏の迎えを得て往き生まれることです。した

法然上人

がって信仰の対象は、浄土を実現した主人である阿弥陀仏であり、誰をも自らの浄土へ救いとる願いを成就した仏に限られます。その目的（往生浄土）を実現する方法は、阿弥陀仏によって特別に用意された口称念仏の実践です。

『無量寿経《むりょうじゅきょう》』で説かれる法蔵《ほうぞう》という菩薩の修行の完成は、二つのことを意味しています。一つは阿弥陀仏という仏に成ったということ（菩薩の修行が報われた身＝報身《ほうじん》）、もう一つは四十八の願の一つ一つが実現した世界が極楽浄土であるということ（願うことが報われた土＝報土《ほうど》）。特に第十八番目の願は、念仏によって浄土に往生できるという願の実現ですから、この願の実現ゆえに〝念仏往生〟が約束されるのです（選択本願念仏《せんちゃくほんがんねんぶつ》）。最も重要なのは、〝なむあみだぶつ〟と声に出して口に称《とな》えることです。

● 浄土宗の特徴

浄土宗祖法然上人は、鎌倉新仏教の旗手として、社会的に名も無き凡庸《ぼんよう》な人びとを救う、革新的な浄土の教えを主唱しました。その膝下《しっか》から浄土真宗の開祖親鸞聖人や西山《せいざん》浄土宗祖証空《しょうくう》上人が、独自の教えを立てて現在日本仏教の宗派を形成しています。それらの弟子の教えは、師である法然上人に帰結する教えでもあるでしょう。

　浄土宗は、かつて渡辺海旭《かいぎょく》や長谷川良信という社会福祉実践者を輩出し、福祉の現場で仏教精神を浸透させる人材を多く輩出しました。幼児・障害・養護・老人などの領域における福祉活動です。今日においてもその特徴が発揮され、福祉関係施設で社会貢献している寺院が他宗に比べて多くあります。

知恩院・三門

　浄土宗派関係者の会合は、つねに同唱十念（共に声に出して十回の〝なむあみだぶつ〟を称えること）で始まり、同唱十念で終わります。何人の人たちが集合しようとも、この同唱十念は心を一つにする働きを感じさせます。
　弘法大師八十八箇所巡拝や西国観音三十三箇所巡拝と同様に、江戸時代中期から宗祖法然上人ゆかりの遺跡を巡拝することが始まり、今日においても法然上人二十五霊場巡拝が、宗侶と信者たちによってさかんに行われています。口に〝なむあみだぶつ〟と称えながらの一歩一歩を歩む巡拝は、あらためて今日の流行となるやもしれません。

● 浄土宗理解を深めるための筆者オススメの本

『宗祖の皮髄』（山崎辨榮《やまざきべんねい》著、浄土宗選書第十六巻〈同朋舎〉所収、財団法人光明修養会刊）
特に明治時代中葉から大正時代半ばに至る浄

土宗の動向は、直面する近代化の課題を孕《はら》んでいます。大正五年に山崎辨榮（一八五九～一九二〇）が知恩院で開催の講習会で多くの浄土宗僧侶に講義し後に講述著として出版された本書は、近代における法然上人理解の強烈な抉《えぐ》り出し方が読み取れます。

辨榮が、霊的な人格を発揮する大偉人である法然の末裔であることを喜び、溢《あふ》れるばかりに欣慕《ごんぼ》する心情がみられます。それゆえに、どのようにして宗祖の霊的人格の内容実質が形成されたのか？　いかに安心を立て念仏すれば、宗祖のような霊的人格を備えることができるか？……と切実に求めています。このような宗祖観は、筆者にとっては鋭い切り口を印象的に刻印しました。

辨榮は、宗祖法然上人の教えを伝える布教が、浄土宗の安心《あんじん》起行《きぎょう》についてうまく説明すること（宗祖の皮相）に留まらず、自ら信じて人を教えて信ぜしむるためには、宗祖の霊的人格の内容実質（宗祖の骨髄）を倣《なら》って、実地に人格を養成することに忠実であるべきだ……と強調します。辨榮は、布教こそ宗祖の霊的人格の内容実質に倣《なら》い人格養成に直結すべきだと言うのです。近代的知識主義を超克する辨榮の発想が、筆者を圧倒しました。

辨榮は宗祖法然が詠んだ歌を念仏体験の発露《ほつろ》として注目し、念仏者法然に形成された宗教的人格の内容実質へとグイグイ入り込んでいきます。「宗祖法然の骨髄を掴《つか》み、僧俗ともに念仏しよう！」と切実に呼びかけます。百年前の講述書とは思われない新鮮な視点と鋭い問題提起が読み取れることに驚きを感じます。

6 浄土《じょう》真《しん》宗《しゅう》の基礎知識

直林《なおばやし》 不退《ふたい》

●浄土真宗の教えの要点

浄土真宗の要《かなめ》は「お念仏ひとつ」といわれています。親鸞聖人は弥陀の本願の目的を「等しく苦悩の群萌《ぐんもう》を救済」するためとされ、蓮如上人にあっては「末代無智《まつだいむち》の在家止住《しじゅう》の凡夫《ぼんぶ》」を布教の目あてとしました。実際、時代社会の荒波を真向からかぶらねばならない市井《しせい》の民衆においてこそ、本願念仏のみ教えは最も深くしみ入り血となり肉となり生きる糧《かて》を示したといえるでしょう。

浄土真宗・知っておきたいポイント

【開祖】…親鸞聖人《しんらんしょうにん》（一一七三～一二六三）

【本尊】…阿弥陀如来《あみだにょらい》（名号《みょうごう》、絵像、木仏の三つのお姿で表される）

【本山】…龍谷山本願寺《りゅうこくさんほんがんじ》（通称・西本願寺、浄土真宗本願寺派本山）、真宗本廟《しんしゅうほんびょう》（通称・東本願寺、真宗大谷派本山）など（いずれも京都市）。真宗各派それぞれに本山がある。

親鸞聖人

もとより、民衆にとっての真宗のみ教えは、哲学的に理解されたのではなく、毎日の生活に即した次元で受容されていったのでした。ご法座という聴聞の場において、笑いや涙そして法悦をともなって仏法が奥深く身にしみ込み、やがて人生の座標軸を形成し「真宗的生き方」をかもしだすのです。

妙好人《みょうこうにん》才市《さいち》同行《どうぎょう》は、「かぜをひけばせきがでる　才市がご法義のかぜをひいた　念仏のせきがでるでる　なむあみだぶつ　なむあみだぶつ」という有名な詩の中に、念仏の味わいをつづっています。如来のお慈悲が私の全身に入りこみ満ち満ちたからこそ、思わず知らずお念仏が申されるという境地。つねにお念仏を申す生活を送ったのは、才市さん一人ではありません。小林一茶翁の、

年よりや　月をみるにも　なむあみだ

という句が思い出されるように、うれしい時もかなしい時もいつもお念仏が口に出るお同行の姿は、あちこちの真宗のご法座に満ちあふれていたのです。

敗戦後の混乱期を乗り切った本願寺派の「名

総長」として知られる佐々木正凞《せいき》師は、百歳で往生される間際までご法話をつづけられました。師は、「いさみの念仏」という喩えをしばしば口にしています。

「いさみというのは御存じでしょう。馬の首に鈴をつけると、歩く度にジャン・ジャン・ジャンと鳴る。すると馬が調子に乗って、結局、馬がシャン・シャン・シャンと元気よく躍っていきますね。

　お互いの念仏は悲しい念仏ではない。死ぬる時の念仏ではない。即得《そくとく》往生《おうじょう》、喜びの念仏。称名念仏、勇みあり。ナンマンダブツ・ナンマンダブツ・ナンマンダブツと念仏を称えさせて頂いて、渡り難い人生、苦しいことの多い人生を明るく渡たらさして頂く力が南無阿弥陀仏のお六字の名号であります」（『百翁法話』）

親鸞聖人真筆六字名号

つまり私たちの口をついて出る「なんまんだぶつ」のお念仏を、力強く進む「応援歌」として味わっているのです。いかに苦悩と悲痛の人

東本願寺・全景

生であっても、如来から賜《たまわ》った六字の名号と一緒に力強く歩みつづける日々、真宗人にとって南無阿弥陀仏は「どんな時もあなたひとりじゃないですよ」という如来さまからの「人生の応援歌」にほかならないのです。

● 浄土真宗の特徴

浄土真宗の特徴の第一は、「よろこびの念仏」が一人一人の信者の身についている点であるといえるでしょう。明治末期親鸞聖人六百五十回大遠忌の折、堀川六条の西本願寺に参った沢山の同行の念仏の声が、京都駅まで聞こえたと伝えられています。けっして声《こわ》高《だか》に念仏申す必要はないのですが、その後の百年で、「理詰めの真宗解釈」の

西本願寺・阿弥陀堂

提唱とは裏腹に、日々の習慣にまで根ざした念仏は果たして相続されたのでしょうか。

今日、浄土真宗のご法座からお念仏の声が消え去ろうとしています。それと同時に、聞法に歩みを運ぶ人達の数も、驚くほど激減してしまっています。今後、浄土真宗のみ教えが昏迷する現代人の苦悩にどれほど寄り添い「真宗的生き方」を再構築できるかどうか。その一つの可能性は、「人生の応援歌」、よろこびの念仏を取りもどせるかにかかっていると思われてなりません。

●浄土真宗理解を深めるための筆者オススメの本

『いま照らされしわれ』（斎藤政二《さいとうまさじ》著、永田文昌堂）

浄土真宗のみ教えに生きた人々の記録は数多く世に出ているけれども、私は、斎藤政二翁の伝記である本書に最も深い感銘を受けました。芸北の山深き地に一生を終えた政二翁の短歌には、ガンを縁としてお念仏を前向きに味わう姿勢が貫かれています。

本書は、政二翁の所属寺の住職であった故朝枝善照博士の手によってまとめられ、ＴＶ番組にも紹介されましたが、現在入手困難な状況です。しかし、最近完成した博士の遺稿を集めた著作集第五巻『妙好人と石見《いわみ》文化』に再録され同じ版元から刊行されています。

7 臨《りん》済《ざい》宗《しゅう》の基礎知識

杉《すぎ》田《た》 寛仁《かんじん》

●臨済宗の教えの要点

教えの要点ですが次の四つにまとめてみます。

一番目に「仏心《ぶっしん》に目覚める」です。仏心とは仏の心です。この場合の仏は死んだ人ではありません。お釈迦様も悟られた仏ですが、お釈迦様が十二月八日に「すべての人が仏と同じ知恵と徳を備えている」と悟られました。この悟られた「仏と同じ知恵や徳」のことを仏心といいます。その心が私達の心の内にあることに目覚

臨済宗・知っておきたいポイント

【開祖】…中国の臨済義玄和尚《りんざいぎげんおしょう》（？〜八六六〈一説に八六七〉）が開き、日本には栄西禅師《えいさいぜんじ》（一一四一〜一二一五）がその教えを伝え、白隠禅師《はくいんぜんじ》（一六八五〜一七六八）が中興《ちゅうこう》した。

【本尊】…釈迦如来《しゃかにょらい》が多い（特に決まっていない）

【本山】…妙心寺《みょうしんじ》（妙心寺派本山、京都市）、建長寺《けんちょうじ》（建長寺派本山、鎌倉市）など、臨済宗十四派それぞれに本山がある。

めるのです。

二番目に「自分を見つめる」です。一番目の仏心に目覚めるためには、自己を静かに見つめる作業が必要になります。専門的には坐禅になりますが、呼吸を調え、姿勢を正し、できるならば静かな場所で自分を見つめ、仏の心を探し求めます。

三番目に「捨て去る」です。心の中にあるくもりを捨てるのです。「放下著《ほうげじゃく》」という禅語がありますが、これは「捨ててしまえ」という意味です。心にしみついている我欲の思い、怒りの思い、不平不満、疑いや嫉妬の思いなど、心を損ねる思いを捨て去るわけです。捨て去ることで、仏心が輝きだしてきます。これが自己完成の道にもつながっていくわけです。

四番目に「救う」です。多くの人に幸せになってもらえるような働きをします。自らの仏心に目覚めるとともに、相手にも仏心を見、ともに幸せを追い求めていくのです。

栄西禅師

●臨済宗の特徴

宗派の特徴を精神面で三つほどあげておきます。

まず一つ目は「簡素」であるということで

京都・龍安寺（臨済宗妙心寺派寺院）の石庭

す。質素で無駄がなく、それでいてそこに気品があるということです。京都にある龍《りょう》安《あん》寺《じ》には有名な石庭がありますが、禅の簡素さを表わしています。それでいて、そこに気品と深い世界観が現れています。代表的な禅の姿といえます。

二つ目は「清浄」です。僧堂などにいきますと、内外がきれいに掃き清められています。そんなお寺の境内に入っただけで、心が洗われる気持ちがするものです。これは仏心を言い換えた清浄心《しょうじょうしん》という心を大事にしているからです。

三番目は「静寂」です。静かでなければ自己を見つめることができないからです。仏教に聖黙という言葉がありますが、「静かなる沈黙」を禅では非常に大事にします。

● 臨済宗理解を深めるための筆者オススメの本

『老師が語る子育てのこころ』（盛永宗興《もりながそうこう》著、柏樹社）

本書の著者・盛永宗興老師は京都の大珠院の

住職をされ、花園大学の学長にもなられた方です。残念ですが、もうすでに亡くなられてしまいました。

ずいぶん前になりますが、臨済宗妙心寺派の教化センターというところで「自灯叢書」という冊子を出していました。たまたま私がそこの研究員をしていて、老師のお話をよく拝聴させていただいて、そのお話をテープにとり、テープ起こしをし、この「自灯叢書」に載せていたのです。それが柏樹社さんの目にとまり本になったのです。

子育てについて書いてはいますが、老師の人柄と悟りの深さがこの本のなかによく表わされています。大切な教えがたくさん綴られていますが、一つ引用してみます。

「いちばん大切なけじめは、自分の周囲の環境が自分にとって都合よくなることではなくて、いかなる環境の中にあっても文句を言わないで、自分がその中に適合できるように、自分自身を変革していくということです。（中略）我々の中には、変革し得る無限の可能性がちゃんとあるのです」

この無限の可能性を仏心あるいは仏の知恵で説いています。とかく私達は不幸になると、環境や相手の責任にしがちです。そうではなくて、「まず、仏心に目覚め、自分が変わることで、地獄を極楽に変えよ」と教えてくださっています。禅の大きな柱の一つは、自己変革をして幸せをつかみ取っていくといえます。自己完成の道です。

8

曹《そう》洞《とう》宗《しゅう》の基礎知識

青山《あおやま》俊董《しゅんどう》

曹洞宗・知っておきたいポイント

【開祖】…道元禅師《どうげんぜんじ》（一二〇〇～一二五三）**を高祖、瑩山禅師《けいざんぜんじ》**（一二六四～一三二五）**を太祖とし、両祖として仰ぐ。**

【本尊】…釈迦牟尼仏《しゃかむにぶつ》・道元禅師・瑩山禅師を〝一仏両祖〟として尊崇（ただし寺院では他の仏菩薩が本尊となることもある）

【本山】…永平寺《えいへいじ》（福井県吉田郡永平寺町）**、總持《そうじ》寺《じ》**（横浜市鶴見区）**を二大本山とする。**

● 曹洞宗の教えの要点

古来よりよく使われてきた言葉に「悉《しっ》有仏性」という言葉があります。「悉《ことごと》く仏性あり」と読むのが一般ですが、道元禅師は「悉《しっ》有は仏性なり」と読んでおられます。

「悉く仏性あり」という読みが語りかける中味は何でしょうか。たとえば梅の実の中に種が入っているような響きがありはしないでしょうか。「狗子《くし》仏性」とか「南泉斬猫《なんせんざんみょう》」などと昔からやかましい公案《こうあん》があります。犬や猫も仏性を持っているか、というのです。尊い仏性を持っているから持ち主も尊い。一つの物の中に尊いものと尊くないものが混在している。そんな響きが、「悉く仏性あり」の読みの中にはあるのです。

　しかし、道元禅師の「悉有は仏性なり」の読みは違うのです。「有」は「有り無し」ではなく、存在そのものを意味しているというのです。〝一切の存在は仏性の成れるものなり〟と読む、つまり〝犬の中に仏性がある〟のではなく、〝犬が仏性〟〝犬の全体が仏性そのもの〟だというのです。この世の一切のものが、一物の例外もなく全仏性の世界、仏性の展開した世界だとおっしゃっているのです。六祖慧能《えのう》のおっしゃる「いづくにか塵埃《じんあい》あらん」の世界でありましょう。

道元禅師

● 曹洞宗の特徴

　道元禅師は「禅宗」と呼ぶことも、まして「曹洞宗《そうとうしゅう》」と呼ぶことも極度に嫌われ、つねに全一の仏法と呼称し、仏法の総府をめざし、御自分のことも仏法坊と呼んでおられました。

　真理を表す「法」という文字は、「氵《さんずい》」に「去」去るという文字で構成されています。引力のある地上にある限り、水は高きから低きに流れます。これは人間の約束事ではなくて天地の道理です。人間の約束事は時と処で変わります。時と処を越えて変らぬものを真理と呼び、「法」という文字で表し、インドではこれを「ダルマ」と呼ぶのです。

この法を釈尊が発見されたのでその法の上に仏がついて「仏法」となりました。〝天地はこうなっている。その中で人の生命《いのち》はこのように生かされている。その生かされている生命の姿にしたがって今ここを生きてゆこう〟と、人の言葉を借りてお説き下さいました。それが教えとなったのです。つまり「仏教」となり、それがわれわれの今ここでの実践の道だから「仏道」となるのです。道元禅師が「仏法」「仏教」「仏道」と呼びかえられている意味は大きいといえます。

その原点である天地宇宙の道理、その働きを、機に応じ縁にしたがって限りなく説きいだされたものが八万四千の法門となり、文字となったものがいわゆる一大蔵経《ぞうきょう》となったといえるでしょう。

ほとんどの宗派が、たとえば『法華経』とか『観無量寿経《かんむりょうじゅきょう》』とかいうように所依《しょえ》の経典を持ち、あるいは『唯識論《ゆいしきろん》』とか『倶舎論《くしゃろん》』というような論部を宗旨《しゅうし》の中心に据えているのに対し、道元禅師は「不立文字《ふりゅうもんじ》」といって特に所依の経論を持とうとされませんでした。

文字や理論を否定するのではありません。道元禅師ほど徹底的に経論を参究された方も稀でありましょうし、道元禅師ほど沢山の著作を残された方も少ないでしょう。しかし文字経論はどこまでも月をさす指にすぎないことを、指に導かれ、指を離れて月を見よ、月と一体である自己を自覚せよと語られているのです。

釈尊が行じられた坐禅をこの身で行じ、釈尊の見出された天地の道理、「法」そのものに直に参ぜよ、と示されるのです。参じつくすことにより、他ならぬ仏性そのものである自己の生命にめざめ、仏性の生命である自己の歩みとしての毎日を生きよとおおせられるのです。

永平寺僧堂の坐禅

更には「参学眼力の及ぶばかりを見取会取《けんしゅえしゅ》するなり」と、その自己の生命へのめざめも、自分の持ちあわせの貧しい受け皿の大きさしかいただけないのだから、その気づき（悟り）も限りなく否定し、今ここの一歩を正念場として歩みを深めよと示されるのです。

● 曹洞宗理解を深めるための筆者オススメの本

『信とは何か』（米沢英雄《よねざわひでお》著、柏樹社）

冒頭に「仏道を習うというは自己を習うなり」の道元禅師の一句を掲げ、〝自我を離れ、自己を明らめる。これが仏法の核心〟と語っておられます。念仏と禅を見事に一つの視点からとらえた方といえるでしょう。

また、澤木興道《さわきこうどう》老師・内山興正《うちやまこうしょう》老師の著書が、常にわが座右の書となっております。

9

日《にち》蓮《れん》宗《しゅう》の基礎知識

互井《たがい》 観章《かんしょう》

日蓮宗・知っておきたいポイント

【開祖】…日蓮聖人《にちれんしょうにん》（一二二二～一二八二）

【本尊】…久遠実成本師釈迦牟尼仏《くおんじつじょうほんししゃかむにぶつ》、または久遠実成本師釈迦牟尼仏を勧請《かんじょう》した〝十界大曼荼羅《じっかいだいまんだら》〟（紙幅と立体像の二様がある）

【本山】…身延山久遠寺《みのぶさんくおんじ》（山梨県南巨摩郡身延町）を総本山とし、池上本門寺《いけがみほんもんじ》（東京都大田区）、中山法華経寺《なかやまほけきょうじ》（千葉県市川市）などを大本山とする。

● 日蓮宗の教えの要点

お釈迦さまの説かれた法門は八万四千もあるといわれていますが、その中の頂点にあるのが『法華経』（妙法蓮華経）です。お経の中の王様とも言われるこの経典は、悟りを開いたお釈迦さまのご説法のすべてが含まれている真実の教えです。

その教えの中心は、私たち人間は、たとえ、どんな人でも必ず仏になれる可能性を持っているという平等思想と、お釈迦さまは永遠の過去から、永遠の未来にまで続く久遠《くおん》の命を持ち、今もこの娑婆世界で法華経を説いている、という二つの考え方です。

私たちは、永遠の命をもったお釈迦さまの説かれた法華経に導かれ、そのお釈迦さまの弟子として、この現実世界で修行することによって、心の中に悟りの種を植えて、蓮華の花を咲かせるように生きようという、蓮の花に譬《たと》えられる教えが『法華経』です。

第一の譬えは、蓮華は花が咲くと同時に実がつきます。これは、私たちが法華経を正しく信じることは、同時に仏に成るということです。

第二は、蓮華は泥の中に根をはり、その泥を養分としながらも、その泥に染まらない真っ白な花を咲かせるということで

日蓮聖人

身延山久遠寺

す。ここでいう泥とは、煩悩のことです。私たちは娑婆世界という煩悩の中に生きています。しかし、この煩悩があるからこそ、仏の悟りに気がつくのです。煩悩こそ悟りのヒントともいえましょう。その煩悩を養分として、その煩悩に染まらない心こそ悟りの心だというのです。

●日蓮宗の特徴

既成仏教教団の中で、宗祖の名前を名乗っているのは、唯一日蓮宗だけです。それは日蓮聖人という人の生き方が、教義そのものだということを示しています。

日蓮聖人は、『法華経』に出会い、この教えを信じ、実践し、法華経の教えをただ一声に呼び表した「南無《なむ》妙法蓮華経《みょうほうれんげきょう》」を、すべての人々に唱えることを勧め、一切の苦しみから人々を救おうとした「法華経の行者」です。

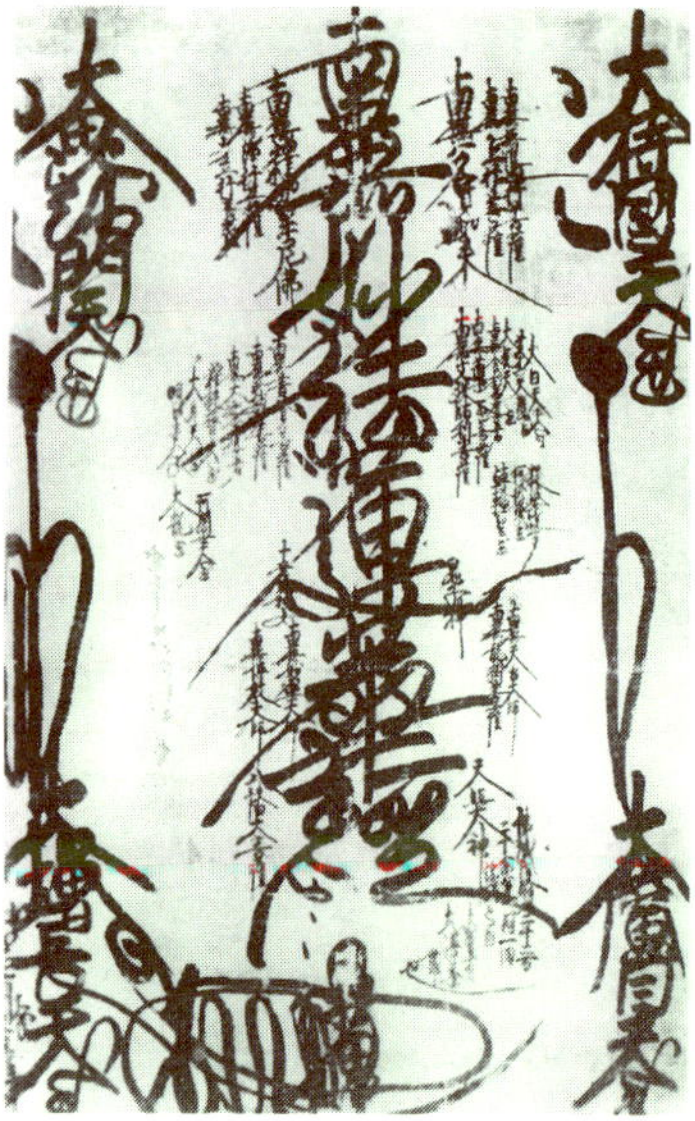

日蓮宗の本尊、十界大曼荼羅

法華経をもとに、国土と人々を救済することを誓願された日蓮聖人を宗祖と仰ぎ、日蓮聖人によって示された法華経の信仰を持った生き方を求めるのが日蓮宗です。

日蓮聖人は「南無妙法蓮華経」と、お題目を唱えました。このお題目は、法華経に帰依《きえ》し、人生を法華経に捧げ、法華経に説かれているように生きていく行者としての誓願そのものです。この世の人々の苦しみを、自分の苦しみと受け止め、個人の幸せを求めるのではなく、世界全体の幸せを目指す「南無妙法蓮華経」を唱えることが日蓮宗のお題目です。

日蓮聖人を通して法華経を読み、日蓮聖人を通して生き方を学び、日蓮聖人と同じお題目を唱えていくことが日蓮聖人にご縁のあった方たちの生き方です。

日蓮宗理解を深めるための筆者オススメの本

『日蓮聖人の生涯』（全三巻、石川教張《いしかわきょうちょう》著、水書坊）

この本は、題名が示すように日蓮聖人のご一生を書き記したものです。しかし、単なるご一代記ではなく、生身の日蓮聖人が言葉を語り、行動を私たちに示してくれています。

仏の命は永遠であり、一心に仏のことを想えば、いつでも私たちの目の前で法を説いていると法華経の中に説かれています。この本はまさしく、読んでいる私の目の前に日蓮聖人がいて、私に向かって言葉を語りかけてくれています。その声は、日蓮聖人の声でもあり、この本の著者である、故石川教張先生の声そのものです。石川先生の日蓮聖人に対する熱い思いが、ひしひしと伝わり涙なくしては読めない日蓮聖人御一代記の名作です。

多くの方に、この書を通じて、是非、生身の日蓮聖人にお会いしていただきたいと思います。

10

時《じ》宗《しゅう》の基礎知識

朝野《あさの》 倫徳《りんとく》

時宗・知っておきたいポイント

【開祖】…一遍上人《いっぺんしょうにん》（一二三九～一二八九）

【本尊】…阿弥陀如来《あみだにょらい》、または〝南無阿弥陀《なむあみだ》仏《ぶつ》〟と六字名号《ろくじみょうごう》が書かれた掛け軸

【本山】…藤沢山無量光院清浄光寺《とうたくさんむりょうこういんしょうじょうこうじ》（通称・遊行寺《ゆぎょうじ》、神奈川県藤沢市）を総本山とする。

● 時宗の教えの要点

浄土宗の開祖法然上人《ほうねんしょうにん》は、念仏者の姿勢や努力を重視したというのでしょうか、「命終《みょうじゅう》の暁《あかつき》まで念仏申しつづけること」が大事、つまりは、一生懸命に何遍《なんべん》も念仏をしつづけることと、「行《ぎょう》」こそが念仏における肝であると説きました。

これに対し浄土真宗の親鸞聖人《しんらんしょうにん》は、大事なのは念仏の数ではなく、念仏者の信心であり、弥陀《みだ》の本願《ほんがん》を信じさえすれば浄土に往生《おうじょう》でき

るのであるから、本当に大事なのは何遍も念仏を繰り返すという努力ではなく、念仏者の内面に確たる「信《しん》」が存在することだと説きました。

ところが、一遍上人《いっぺんしょうにん》の念仏に対する取り組み方、特に、その「信」に対する考え方は他の

一遍上人

祖師がたとは極めて異質でして、

「名号《みょうごう》（※南無阿弥陀仏《なむあみだぶつ》という六字の名号）は信ずるも信ぜざるも、となふれば他力不思議《たりきふし》《ぎ》の力にて往生す」

それゆえ、信じる心すら無用だ、と言うのです。

一見、極端な意見のようですが、一遍上人の言う「往生は、信不信によって決まるのではない」という言葉は、「はるか遠い昔に、阿弥陀《あみだ》如来《にょらい》がまだ法蔵菩薩《ほうぞうぼさつ》という名前で修行していた頃、『自分だけが往生するのであれば、決して往生しない。後世の人であっても、南無阿弥陀仏、と我が名を称《とな》えたすべての衆生《しゅじょう》が往生するのでなければ、往生しない』と願を立て、見事に成就《じょうじゅ》させて阿弥陀如来となっておられる」ことを拠《よ》り所《どころ》としています。

この、六字名号至上主義とも呼ぶべき、お念仏への完全なるお任せが、時宗《じしゅう》の教えの根本です。

● 時宗の特徴

時宗、一遍上人と来れば「踊《おど》り念仏」を連想される人も多いでしょうが、正直に申せば、踊り念仏は、時宗を開いた一遍上人が時衆《じしゅう》（※一遍の信徒のこと。時宗の旧称）を引き連れて全国を行脚《あんぎゃ》して回っていたわずかな期間に爆発的に流行したもので、開祖亡きあとを引き継ぎ、教団を再構築した二祖真教《しんきょう》の時代からは徐々に自粛して、エキセントリックさを削《そ》いで来たという史実があります。

つまり、踊り念仏は、現在の時宗を代表するものではないのです。

「賦算」で配られる念仏札

ではそこで、現状の時宗における大きな特徴を三つ挙げるとするならば、まず一番目が「神《しん》仏習合《ぶつしゅうごう》」。

二番目は、「遊行賦算《ゆぎょうふさん》」。遊行とは、教えを広めるために各地を経巡《へめぐ》ることで、そのときに念仏勧進《かんじん》のお札《ふだ》を一人一人に手渡します。この算《ふだ》を賦《くば》ることが、すなわちご賦算。

現在では各地を行脚するのではなく、遊行《ゆぎょう》上人《しょうにん》（時宗法主《ほっす》）が全国の時宗寺院に招かれ、その地方の寺院数ヶ寺あるいは十数ヶ寺を拠点としてご賦算をしながら念仏勧進することで伝統を守っています。また神奈川県藤沢市にある時宗本山清浄光寺《しょうじょうこうじ》（通称・遊行寺）では、朝のお勤《つと》めの際は遊行上人がいらっしゃり、体調に問題ない限りご賦算が励行《れいこう》されますから、結縁《けちえん》衆《しゅう》としてお札を受け取りたい方は、そこに行きさえすれば、どなたでもご賦算を授かることが出来ます。常に民衆と共にあった時宗ならではの、法灯《ほうとう》を守り続けてゆく美風だと思います。

三番目の特徴は、これが一番大きな特色だと思うのですが、時宗のお念仏は、「信不信を問わない」ということ。一遍上人は、熊野大権現《くまのだいごんげん》の夢告《むこく》によって「一切衆生《いっさいしゅじょう》の往生は南無阿弥陀仏の決定するところなり」という正覚《しょうがく》を得て大悟したのですが、それは六字の名号の功《く》徳《どく》、絶対的な力をありありと細胞で感じ取るようにに体感したからこそその言葉だということを忘れてはなりません。

一遍上人は常にふらふらぐらぐらと定まらない人間の信不信ではなく、事実・真実としての弥陀世界、六字名号の輝きに、少しの曇《くも》りも迷いもなく身心を全託《ぜんたく》していたのです。

つまりは、六字名号「南無阿弥陀仏」という絶対他力へ没入する以外、道はない、と自身の全存在で得心《とくしん》していたのだと思われます。

時宗理解を深めるための筆者オススメの本

『南無阿弥陀仏』（柳宗悦《やなぎむねよし》著、岩波文庫）

これは、時宗の本というよりもタイトル通り「南無阿弥陀仏の本」で、浄土思想の系譜を丁《てい》寧《ねい》にたどった名作。

『一遍上人――旅の思索者』（栗田《くりた》勇《いさむ》著、新潮文庫）

美術界の見巧者《みごうしゃ》が、文学的想像力を存分に発揮して、読者を中世一遍ワールドへと誘《いざな》う快心作。

『一遍上人語録　捨て果てて』（坂村真民《さかむらしんみん》著、大蔵出版）

詩人であり、一遍を追慕《ついぼ》してやまない著者が、一遍の歌や手紙を取り上げ、感じた詩情を綴《つづ》っています。

第二章

各宗派が説く〝仏教的生き方〟

まえおき

この章では、法相宗《ほっそうしゅう》・天台宗《てんだいしゅう》・真言宗《しんごんしゅう》・融通念佛宗《ゆうずうねんぶつしゅう》・浄土宗《じょうどしゅう》・浄《じょう》土《ど》真宗《しんしゅう》・臨済宗《りんざいしゅう》・曹洞宗《そうとうしゅう》・日蓮宗《にちれんしゅう》・時宗《じしゅう》の10宗について、各宗派が説く「仏教的生き方」「現代人へのメッセージ」を、それぞれ解説・紹介します。

1 法《ほっ》相《そう》宗《しゅう》が説く〝生き方〟

村上《むらかみ》太胤《たいいん》

●法相宗が説く仏教的生き方

法相宗《ほっそうしゅう》が説く「仏教的生き方」を考えた場合、第一にそれは人間追求の教えだということです。人間の心理を凝視《ぎょうし》し、そのこころを省察《しょうさつ》して実態をとらえ、そこに救いや悟りを模索《もさく》するという探求を軸とした仏教心理学だということです。特に人間の迷いや愚かさを深く凝視し、こころからこころへと人間追求の眼を深めていくのです。

人間の弱さや迷いは現世に生きている私たちにとって日々逃れることのできない現実です。それは人間が日々欲望の中で生きている証拠のようなものです。

お釈迦さまの教えは、苦なる人生をしっかりと自覚することにより、苦なる人生から解脱《げだつ》することができるとしています。

生老病死《しょうろうびょうし》に始まる苦の人生と向き合い厳しい修行に打ち込まれたお釈迦さまは、その苦の原因が外部の環境だけにあるのではなく、物事の真理が分からないどろどろとした自分のこころにこそあると考えられたのです。

人間のこころを凝視し、そのこころを掘りさげ、人間のこころの中に新しい人生や生き方を見出されたお釈迦さまの教えは、宗教として法相宗の教えの中にも引き継がれ、深まっていったと言えます。

私たちを取り巻く社会の変化はあまりに速く、物や情報の多さに日々振り回されていきます。豊かさだけを求めてきた戦後の日本人は、こころの豊かさを見失い、ただ彷まよって生きているように見受けられます。

何が幸せかを感じるいとまもなく、自分自身で考えることを忘れて人生の意義を見失っている人の何と多いことでしょう。物も無く貧しかった戦後より、豊かで物が溢《あふ》れている現代社会の方が、はるかにこころの貧困を感じてしまいます。

自殺や孤独死など暗いニュースを聞くにつけ、現代人や社会の価値観を変える必要があるように思います。

「転依《てんね》（依《よ》り所《どころ》を転ずる）」とは法相宗の教えの眼目《がんもく》ですが、自分自身の殻《から》の中でしか生きられなくなっている人々に、自分を変えていく意義と意味を教えています。具体的に言うと、物質やお金が最高と思わない訓練により、人間は変わることができるはずです。

自分の欲望のためだけに生きるのではなく、周りの人たちを幸せにしてあげたいと願っていると、自分の欲は気にならなくなります。

人間の欲には良い欲と悪い欲があるように思います。悪い欲を無くしたら良い欲に変わるかというと、そんなに簡単にはいきません。表面上のこころは変わったように思っても、実は潜在的なこころは変わっていないのです。こころの持ち方を変え、悩みや苦しみと向かいあい、変えられない、変わらない自分のこころを認識し自覚する所から「転依」はスタートするのではないでしょうか。

法相宗の教えは、煩悩にとらわれている自分に気づいて自分を変えていこうと努力することだと思います。自分に役立つか、立たないかという損得の価値ではなく、先祖や仏さまとつながって生きていると感じ、大きな慈悲に包まれて生かされていることに感謝し、仏さまの教えに基づく価値に転換していくことが「転依」の教えだと思います。

人間のこころは常に変化しています。見たり聞いたりする役目を司《つかさど》る五官が表面上のこころですが、感じ方がコロコロ変わるため「こころ」という位、安定していないものです。

努力しても人間というものは簡単に変わることができません。こころの深層にある潜在的な意識が、時に邪魔をしているのです。法相宗の教えでは、第七末那識《まなしき》という自分でも気づかない所で、自己中心の無意識の働きに左右されていると説きます。病気の原因を知っていれば少しは対処の方法が分かるように、こころの奥にある自我意識の第七末那識を上手にコントロールできる強いこころの働きや仕組みを究明しておく必要があります。

末那識の末那とは、梵語《ぼんご》の「マナス」を音写《おんしゃ》したもので、「思い量《はか》る」という意味です。何を思い量るのかというと、自分のことだけを思い量って常に自分中心に考えているのです。表面上、人のために善いことをしようと考え、それを実践している時でも、意識の底で自分の都合だけを過剰《かじょう》に考え、こだわっているのです。

法相宗では人間のエゴイズムの根源が末那識であるとしています。この末那識には自己への愛着や執着の我愛《があい》（我執《がしゅう》の煩悩）が附随《ふずい》しており、それによってその認識はすべて汚されて清浄《しょうじょう》にはなれないというのです。表面上の意識が働く時は常に潜在しているこの末那識も一緒に働いているので、私たちは気がつかないのですが、こころは常に自己本位、自分中心になっているのです。

法相宗の教えは、どうすればこの末那識をコントロールして良い方向に向かわせることができるかということなのです。こころを変革する（表面上の意識を変えていく）ことが末那識のあり方に影響を及ぼしていくことも事実です。法相宗の修行とは、常に煩悩にとらわれている自分に気づいて、自分のこころを変えていこうと努力すること、つまり末那識を修正して人間の成長を目指す中で、末那識を超える努力を続けることにあると思います。

●現代人へのメッセージ

私は聖徳太子の十七条の憲法の中の「共に凡《ぼん》夫《ぶ》であるのみ」という言葉に惹《ひ》かれるのです。私たちは不完全な自分であるのに、常にあれが欲しい、これが欲しい、ああなりたい、こうなりたいと右往左往《うおうさおう》していることが多いのではないでしょうか。

苦しみや悩みが深くなれば、もうどうしていいか分からないという絶望感にとらわれることもあると思います。私たちはともすれば自分のことを棚にあげて、責任を人のせいにして逃げてしまいがちです。体力や気力のない時などは特にそうなりがちです。一度反省しても、また困難にあえばつい逃げだしたくなるのです。日々その繰り返しのような気がします。

自分の主張ばかりに固執して人の意見を聞かずに自分の殻に閉じこもり、世間や人との関係を作ろうとしない、それなのに人の言動が気になり不安になる。自分の前においしい物があると何も考えずに食べすぎてしまう。お金が無いとついサラ金に手を出してしまう。インターネットで何でも安く買えると分かると、つい買ってしまう。人間の本性は欲が深く弱い存在なのではないでしょうか。

ただ弱く優しいだけだと引きこもって人との関係が作れなくなってしまいます。子供時代の友達や仲間とのけんかや遊びが少なくなっているので、手加減や人との間合いを上手にとれない人が増えています。自分で決めて最後までやる、小さなことでも責任をとるというような躾《しつけ》が現代人には必要だと思います。

人生は苦しみが多いのですが、事がうまくいったり、また、そのことで他人が喜んでくれると大変励みになるものです。

優しさや弱さの裏にある厳しさに気づくことが大切ですが、人によっては時間のかかることもあります。コンピューター社会は大変便利なものですが、その欠点も知っておかないと偏《かたよ》った生き方になってしまいます。

ストレスは何歳になってもあるので、それに負けない修練が必要になってきます。一人でも多くの人と触れ合う習慣を持たないと、ますます人と会わなくても済む癖になり、時には引きこもりや自殺にまで走ってしまうこともあるでしょう。

「共に凡夫」と思う心を持つことで、少しでもこころを軽くする、人生の最後は神仏に任せていこうという謙虚さと強さを身につけることを考えたいものです。

2 天《てん》台《だい》宗《しゅう》が説く〝生き方〟

山田《やまだ》 俊尚《しゅんしょう》

●天台宗が説く仏教的生き方

【自由に考えた伝教大師】

天台宗祖伝教大師《でんぎょうだいし》最澄《さいちょう》は自由に仏教を考え、行動しました。

私達は自由を他から奪われていると感じることが多いのですが、実は自分のこだわりや迷いや煩悩が自分の心を縛《しば》り、自分自身で心の自由を奪っていることの方が多いように思います。

伝教大師は自分のこだわりや煩悩に縛られないという意味で、とても自由な心をお持ちだったのです。

【「我」などいらない】

伝教大師には「我《が》」がありませんでした。有名なお話は、その時代に台頭した仏教勢力である弘法大師に密教の教えを請うたことです。

同じ時に遣唐使として中国に渡った二人でしたが、伝教大師は桓武天皇に派遣された還学《げんがく》生《しょう》であり、弘法大師は私費で唐に向かう留学《るがく》僧《そう》でした。伝教大師の方が先輩のようにも思われますが、唐から帰国した後、密教に関しては弘法大師の方が明るく、またその教えが必要だと感じたならば、伝教大師は迷いなく教えを乞うために頭を下げることができるお方だったのです。「プライドよりも教えが大切」という行為ですが、世間体などというものを考えれば難しく思える場合もあります。

しかし、伝教大師はそんな世間体やプライドには縛られませんでした。仏道を志《こころざ》したからには「悟りを開き、衆生《しゅじょう》を救済する」ことが一番大切なのです。その大切な目的をプライドが邪魔するのであれば、プライドはない方がよいのです。

そして弘法大師もその伝教大師の真っ直ぐなお心を理解し密教を教えて下さった。有難いことです。後の世でいろいろなお話が飛びかいますが、その交流の本質は実に美しいものだったと感じます。私のような末弟《まってい》にお大師様たちの心を推し量ることは難しいのですが、二人とも真の求道者であったからこその交流だったのでしょう。

そして、この時、伝教大師がそこまでして密教を志したからこそ、後に天台密教は大成することになります。つまり伝教大師は何のために仏道を志し、精進《しょうじん》しているのかが、いつもはっきりわかっていたのだと思います。

プライドや他人からの評価や情報に惑わされない、という生き方の模範がここにあります。

【法華経《ほけきょう》の教え】

法華経の教えの特徴はお釈迦様が授記《じゅき》をして、「全てのものが仏になれる」ことを証明したことにあります。法華経が説かれる以前は限られた人しか悟りを開けないと言われていました。しかし、法華経では舎利弗《しゃりほつ》をはじめ全てのお弟子さんたちが、修行すれば必ず仏になれることをお釈迦様に証明（授記）されて大喜びするという場面があります。

【一切衆生《いっさいしゅじょう》　悉有仏性《しつうぶっしょう》】

「全てのものが仏になれる」このことを仏教ではその後「一切衆生　悉有仏性（全ての生きとし生けるものは仏になる性質＝仏性をそなえている）」（大般涅槃経《だいはつねはんぎょう》）と説いてきました。

「全て」といった場合、もちろん私自身も含みますし、これをお読みいただいているあなたも含みます。私とあなたが悟りを開くとは「全ての苦しみを乗り越えて、真実を見つめ、真実のままに生きる」ことを意味します。あらゆるものが本来仏であるという真実のままに生きるなら、仏に囲まれて生きるわけですからその生活は他に対する尊敬と感謝に満ち溢れるでしょう。

【山川草木《さんせんそうもく》　悉皆成仏《しっかいじょうぶつ》】

「全て同じ」ということを別の角度から考えてみてはいかがでしょうか？　全ての人は老いていきます。全ての人は病をえます。全ての人はやがて死にます。全ての人は太陽に照らされています。全ての人は水を飲み、全ての人は食べ物を食べます。

どのことも人間が変えることはできない普遍的な事実です。生きとし生けるものは「生老《しょうろう》病死《びょうし》」の苦しみから逃れることはできませんが、同時に太陽や雨や大地の恵みを常に与えられ「生かされています」。有難いことです。人間は植物のように自分で栄養を作ることはできませんから、他に常に与えられ、全ての人は同じように生かされている。そういった意味でも全ての人は同じなのです。

私達が何に生かされているかよく観察するのであれば、それは自然の恵みであり、その恵みは太陽が源です。雨も植物も全て太陽の恵みがないと存在することができません。植物がなければ動物も存在することができず、全ての命の源は太陽であるということがいえます。そして、その恵みが自然の完璧な循環の中で行き渡っています。私たちはこのような大きな循環の一部なのです。

【密教の教え】

そしてこのようなすべての命、存在の根本を「大日如来《だいにちにょらい》」ととらえたのが密教の教えです。全ての命の源は大日如来であり、私たちの存在の源は宇宙に遍満《へんまん》する大日如来の慈悲そのものなのです。

仏を源として出来ているのだから「一切衆生悉有仏性」であり、そして究極的には「私たちは仏・大日如来と一体なのだ」という体験に密教修行は導くのです。

このことを「一切衆生の身《しん》・語《ご》・意《い》（三業《さんごう》）と、仏の身・語・意（三密《さんみつ》）は畢竟《ひっきょう》平等なり」と密教では説いています。ここで「仏との一体感」が説かれているのです。

私も護摩《ごま》修行をよくさせていただいておりま

すが、大日如来と自分が一体であることを感じることができます。これは理屈をこえた体験なのかもしれませんが、実践を通してこの真実を実感することが、仏教を生活に活かしていくために一番有効なのかもしれません。

【行動する】

伝教大師は晩年、法華経の教えをひろめるために比叡山《ひえいざん》から歩いて東国《とうごく》に巡錫《じゅんしゃく》し、現在の栃木県の大慈寺《だいじじ》と群馬県の緑野寺《みどのじ》に法華経の塔をたてました。そして千部の法華経を収め、衆生のために「あらゆるものが仏になれる」という法華経の教えをひろめ、多くの人々に希望を与えたのです。

私も伝教大師の徳を偲《しの》んで東京の自坊から同じ道を通り、比叡山まで歩いて行ったことがあります。途中で何度も峠を越えなければならず険しい道でした。現代でも歩いていくのはとても大変です。

伝教大師の時代は今のように装備も軽いわけではなく、ましてや晩年にこの道を通り東国まで行かれた際には想像を絶する苦労がおありになったことは容易に想像することができます。長野県の神坂《みさか》峠という峠はあまりにも険しく越えるのが大変だったので、後から来る旅人のために伝教大師は広済院《こうさいいん》・広拯院《こうじょういん》という寺を建てたほどの道のりです。

私は伝教大師の「法華経の教えを歩いて伝えに行く」という強い意志と行動力に感動し、教えを広めてくださったことに深く感謝していきます。おかげで私達も「全てのものが仏になれる」という希望を持って毎日暮らしていくことができます。

伝教大師は発願文《ほつがんもん》のなかで「解脱《げだつ》の味《あじ》独り飲まず、安楽の果《か》独り証《しょう》せず。法界《ほうかい》の衆生とともに妙覚《みょうがく》に登り、法界の衆生とともに妙味《みょうみ》を服《ふく》せん」と言いました。法華経の教えをまさに体現されていたのだと感じます。

教えが頭の中にあるだけでしたらなんの意味もありません。教えのままに行動し、生活することが大切なのです。天台宗祖伝教大師の生き方に学びましょう。

● 現代人へのメッセージ

【仏と一体の「命」】

自分の命についてわからなくなってしまっている全ての現代人にお伝えしたいメッセージがあります。

「私達の存在・命の本質は仏です」

このことを、先のように「一切衆生　悉有仏性」と説き、私達の存在「命」は大きな存在「仏」の一部であり一体であると説くのです。

【止観《しかん》する】

この「一切衆生　悉有仏性」や「仏との一体感」に気づけないのはなぜか？　その仏性のまわりに煩悩という汚れがついていて「本来の自分」が見えなくなってしまっているからです。普段は心が散漫で、特に現代は忙しく「本当の自分は何なのか？」という真実を見つめる時間も機会もなくなってしまいがちです。

天台宗では坐禅のことを「止観」と言います。これは心の散漫を「止」めて、真実をしっかり「観」察する、ことを意味しています。

このような「止観」する時間を生活の中で少しでも持つことによって「一切衆生　悉有仏性」という真実が見えてきます。

【忘己利他《もうこりた》】

私達は常に生かされています。私達は自然の循環の一部で、常にその恵みを与えられていま す。自分で作りだしたものなどなく、常に私達の命は大きな循環の流れのなかにあるのです。己《おのれ》を忘れても何も心配することはありません。私達は常に与えられているのです。このことを止観し深く感じ感謝の中で生きましょう。そして私達は自然の大きな循環の一部であることを意識し、自分にこだわらず、己を忘れて他人のために与え続けましょう。「忘己利他」伝教大師の平安時代のお言葉ですが、味わえばまさに現代に必要な教えが湧き出てきます。

【自由に生きる】

こだわらないことは心に自由を生み、お互い与え続けることで感謝の心を育み喜びの中で豊かな毎日を送ることができるでしょう。私もこだわりを捨てて仏の意のままに生きたいと思っています。常に謙虚にあらゆるものに合掌し頭を下げることができるかどうか？　このことから真実のままに生きているか否かが判断できるとも感じています。

「己を忘れて他を利するは慈悲の極みなり」

伝教大師の自由な悟りのお言葉です。

3 真《しん》言《ごん》宗《しゅう》が説く〝生き方〟

小松《こまつ》庸祐《ようゆう》

●真言宗が説く仏教的生き方

『真言宗読《ど》経《きょう》偈《げ》文《もん》全書』の「真言安心章《しんごんあんじんしょう》」の項に、

「われら幸いに大師《だいし》の門に入《い》りて、最勝《さいしょう》の妙法《みょうほう》に値遇《ちぐ》したてまつる。しかればすなわち、大師の教戒《きょうかい》を仰《あお》いでわが身の罪《ざい》業《ごう》を心より懺悔《さんげ》し、菩提心《ぼだいしん》を発《おこ》して信心を決定《けつじょう》し、外には十善《じゅうぜん》、四摂《ししょう》の菩薩道《ぼさつどう》をふみ行い、内には如来加持《にょらいかじ》の本誓《ほんぜい》を仰信《ぎょうしん》して、三密《さんみつ》の妙行《みょうぎょう》を励むべきなり」

という文があります。この文の中に、「真言宗が説く仏教的生き方」が明示されています。

この文を分かりやすく要約すると、次の五項目にまとめることができます。

① 私たちは、「お大師さま」(弘法大師空海《こうぼうだいしくうかい》)や、その教えとのご縁を、すでにいただいています。

② さまざまに沸《わ》き起こる煩悩《ぼんのう》(妄念《もうねん》・貪《むさぼ》り・怒り・愚痴《ぐち》・傲慢《ごうまん》・疑心《ぎしん》・偏見《へんけん》など)に対し、「懺悔」をし、仏道を行なうという心を

大切にしましょう。

③「十善戒《かい》」（不殺生《ふせっしょう》・不偸盗《ふちゅうとう》・不邪婬《ふじゃいん》・不妄《ふもう》語《ご》・不綺語《ふきご》・不悪口《ふあっく》・不両舌《ふりょうぜつ》・不慳貪《ふけんどん》・不瞋《ふしん》恚《に》・不邪見《ふじゃけん》）の戒を守ろう。

④布施《ふせ》・愛語《あいご》・利行《りぎょう》・同事《どうじ》の「四摂」を行なって、菩薩の道（仏になる道）を大師と共に歩もう。

⑤「三密」（身《しん》・口《く》・意《い》）を行じて、人の人たる姿を確立しよう。

これら五項目のうち、特に「お大師さまの教え」「十善戒と三密」、「四摂の菩薩道」といった事柄について、詳しく見てみましょう。

【お大師さまの教えを信じ、心を見つめる】

お大師さまは、著書『般若心経秘鍵《はんにゃしんぎょうひけん》』の中で、次のように述べられています。

「……夫《そ》れ仏法《ぶっぽう》遥《はる》かに非《あら》ず。心中にして即《すなわ》ち近し。真如《しんにょ》外にあらず。身を捨てて何《いず》くにか求めん。迷悟《めいご》我《われ》に在り。則《すなわ》ち発心《ほっしん》すれば即ち到る。明暗《みょうあん》他に非ず。則ち信《しん》修《じゅ》すれば忽《たちま》ちに証《しょう》す……」

〈訳＝仏さまや仏の教えというのは、遥か遠くの方にあるのではなく、私たちの心の中にあって、いつも連れもって歩いている。だから仏教の真理はそれぞれの身体の中にあって、その心の動き、働きを理解しないでそれを一体どこに求めようというのか。迷いも悟りも、すべて自分自身の心の中にある〉

「自分の心」を見つめることの大切さが、ここには説かれています。私たちは、大師の教えに従って実践を重ね、自分の心のあるがままを知ること（これを「如実知自心《にょじっちじしん》」と言います）を学ばねばなりません。それが、真言宗信徒の生き方なのです。

【十善戒《じゅうぜんかい》で三密《さんみつ》を正しくして生きる】

真言宗では、「三密」（身・口・意）を正しく調和させて生きることが肝要であるとされています。

この三密を正しくするための大切な修行が、「十善戒」です。

「戒」という言葉には、一般的に、「守らなければ罰せられる」とか「制限が加えられる」というような厳しさが感じられます。

しかし、仏が説く戒は、人の心の中にある人間の優しさを示しています。例えば、幼児が親の手から離れ、一人で車道を歩きだした時、車が来るので危ないと、手を差し伸べて保護する。危険に遭遇しないようにという、その心の動きが「戒」です。見て見ぬふりをすることは、戒に背《そむ》くことです。私たちが持っている真の優しさに背かないことが、真の「持戒《じかい》」（戒を守ること）です。

さて、十善戒は、「身」（からだ）に関しての三つの戒（不殺生・不偸盗・不邪婬）、「口」（ことば）に関しての四つの戒（不妄語・不綺語・不悪口・不両舌）、「意」（こころ）に関しての三つの戒（不慳貪・不瞋恚・不邪見）から成っています。従って「戒」は菩薩の心といわれる所以《ゆえん》です。

一、「不殺生戒《ふせっしょうかい》」＝殺生は、生き物を殺すこと。食べ物を粗末にすることも、食べ残すことも殺生です。

二、「不偸盗戒《ふちゅうとうかい》」＝偸盗は、人の物をひそかに奪い取る、人の目をごまかす、模倣《もほう》すること。人との約束の時間を破ることも、人の時間を盗むことです。

三、「不邪婬戒《ふじゃいんかい》」＝人の情欲は止まることを知りません。正しい愛は、人の道です。邪婬は人の道から外れた行為です。

四、「不妄語戒《ふもうごかい》」＝偽《いつわ》りの言葉への戒め。万事を偽らず、見たこと、聞いたことをありのまま表現することが大切です。

五、「不綺語戒《ふきごかい》」＝綺とは、織《おり》なして模様がある布のこと。綾《あや》ある言葉、虚飾《きょしょく》の言葉、卑猥《ひわい》な言葉、不実の宣伝の言葉、それらはすべて綺語です。

六、「不悪口戒《ふあっくかい》」＝悪口のことです。「他人の悪口を言う人とつきあっていると、その人はあなたの悪口を言いふらしますよ」と母に言われたものでした。

七、「不両舌戒《ふりょうぜつかい》」＝両舌とは、中言《なかごと》、中傷のこと。両人（二人の人）の和合を破り、仲違《なかたが》いさせる言葉ということです。

八、「不慳貪戒《ふけんどんかい》」＝慳はおしむ、貪はむさぼること。人は欲望と道連れです。だから分かち合わなければなりません。金持ちほどケチが多いと言いますね。

九、「不瞋恚戒《ふしんにかい》」＝瞋恚とは、怒り、腹を立てること。「一瞬の怒りはすべてを無にする」と言います。怒られた時、名誉を傷つけられた時、反対された時、裏切られた時、妨害された時、疑われた時に人は腹を立てます。

十、「不邪見戒《ふじゃけんかい》」＝邪見とは、不正な見解

のこと。残酷なことをする人を「邪見な人」といいます。邪見は無慈悲な心そのものです。

――以上の十善戒を守り、三密を正しくして生きるのが、真言宗信徒のつとめであり、人としての道です。

【四摂《ししょう》の菩薩道《ぼさつどう》を生きる】

真言宗では、「菩薩道」を生きるべきと説かれます。その菩薩道とは、具体的には、布施・愛語・利行・同事の四摂《ししょう》を、日常生活において実践することです。

一、「布施《ふせ》」＝分かち合う心で、物惜《ものお》しみ、貪りの心を払拭《ふっしょく》すること。

二、「愛語《あいご》」＝布施の行に心を込めることで、口先だけの言葉であってはならないのです。愛語は人の心を和《やわ》らげます。

三、「利行《りぎょう》」＝愛語の実行です。人を導き、教え、人間としての道を知らしめること。利行とは、人類の利益になる行い、役に立つ働きをいいます。

四、「同事《どうじ》」＝これは、知恵のある人が知恵あることを自慢することなく、人々と同化して交わることを示しています。「和光同塵《わこうどうじん》」と同じ意味です。

【お遍路《へんろ》で生き方を学んでみよう】

ここまで、十善戒や三密、四摂などについて述べましたが、お大師さまの教えのすべてを学びとることができる「総合学習」に、四国遍路《しこくへんろ》があります。

お大師さまと一緒に歩む「同行二人《どうぎょうににん》」の時

間。新聞やテレビなどから離れ、ひたすら歩き、「南無大師遍照金剛《なむだいしへんじょうこんごう》」と一心に唱え、寺から寺へと巡る。自然の美しさ、土地の人々の温かいお接待や「ご苦労さま」という言葉に感動し、心のあるべきようを会得《えとく》させてくれます。

一生に一度は四国をお遍路し、発心《ほっしん》・修行《しゅぎょう》・菩提《ぼだい》・涅槃《ねはん》の四つの道場、八十八の寺々を巡り終えた時、人は生まれ変わるという不思議な体験をしてみてください。

お遍路で使用する笠と杖

● 現代人へのメッセージ

現代を生きる私たちは、さまざまな「不安」の波に飲み込まれています。

私の住む地域（大阪の東住吉区）では、不況に対して、地域の特産品をPRしたり、特技を持つ人を訪ねたり、町の歴史をたどって地域の良さを掘り起こすなど、智恵を出し工夫を凝らし活性化を目指しています。結果、最近希薄になりがちな地域の人々とのつながりをも取り戻し、「人を知る楽しさ」をもたらしました。じわじわと押し寄せてくる「不安」が小さくなり、楽しい人の絆《きずな》が生まれています。

人が集う時、「ありのまま」の姿を通し、人と人との信頼が生まれ、「ありのまま」が正直という安心を生じています。

大阪は、少し前まで、活気にあふれる商売の街でした（最近はやや元気がない）。その活気の源は、「商売には厳しいが品物には間違いがない」「納期は必ず守る」「期日までに支払いをする」という、当たり前の「正直な心」を大切にするのが大阪人の気質でした。

信用は信頼となって商《あきな》いに反映され、繁栄という内容を持って来ます。「正直」「嘘をつかない」は、元手も資本もいらない、この身一つでできる活性化の源です。そして不安を与えません。

今、大人も子供も安心して生きていける社会を実現するためにも、ありのままの正直さを心掛けましょう。正直者の頭に神宿る、です。

4 融《ゆう》通《ずう》念《ねん》佛《ぶつ》宗《しゅう》が説く〝生き方〟

吉村《よしむら》 暲英《しょうえい》

●融通念佛宗が説く仏教的生き方

【「融通和合《ゆうずうわごう》」に生きる】

人は一人では生きられません。世のすべての人の支えと、あらゆるものの恵みによって生かされているということを、日常の生活の中で感じとっていかなければなりません。

本宗の生活信条を簡潔にいえば「融通和合」の生き方となります。そしてこれを実践し、いつも念頭におくために日々念仏を称《とな》えることを勧めるのです。

「融通」とは人と人、人と物、物と物がそれぞれの関係において何らの障礙《しょうげ》がなく、互いにとけ合い通じ合っていることをいいます。両者の間に障礙がないというのは「和合」しているということで、自が他を支え生かし、他が自を支え生かしていることをいいます。融通和合はまた融通無礙《ゆうずうむげ》にも通じているのです。

平成二十一年（二〇〇九年）、関西では、奈良唐招提寺金堂、京都西本願寺御影堂《ごえいどう》が大修復を終え、昔日《せきじつ》の雄姿を蘇《よみがえ》らせました。修復の模様はテレビでも紹介され、多くの人に感銘を与えました。私もその一人です。

あの大屋根をしっかり支えるために、屋根裏に縦横に張りめぐらされた大小さまざまな材木がそれぞれの居場所で、それぞれの力を出し合ってがっちり組み合わさっています。しかも人目に触れないのです。今後何百年も人目に触れず太陽の光にも浴さず、ただじっとお互いにあの雄大で壮麗な建物を支え続けていくのです。

屋根裏だけではありません。建物を構成するすべてのもの——柱、礎石、壁、戸、障子、畳、瓦など——それらがそれぞれの居場所で見事に力を出し合いながらも、決して自分を誇張せず、他のものと融合して調和の美しさに輝いているのです。

これこそが「融通」の世界なのです。盧舎《るしゃ》那仏《なぶつ》も親鸞聖人《しんらんしょうにん》も融通和合の中に鎮座しまして、融通の世界を説法しておられるのです。(なに！　唐招提寺も本願寺も融通念佛宗ではないって？　そんな狭い心でどうするのですか。仏さまの教えに垣根などないのです！)

規模は小さくとも、私たちの住む家屋も同じです。それのみならず衣・食・住のすべては、みな融通和合して私たちの生活を支え、心に安らぎを与えてくれているのです。五臓六腑《ござうろっぷ》と各部位の器官も融通和合のはたらきによって生命を支えているのです。

このように、私たちはすべて融通和合の力によって生かされているということを、まず第一に自覚することが肝要なのです。

いまここに私が生きている一瞬の中に、無限のいのちの集積がある。たかがひとりのいのちではないのです。天地自然の恵みと一切の人びとのはたらきが縦横無尽に折り重なって、私一人を支えていてくれるのです。

そのことを自覚すれば、そこにおのずと感謝と喜びの気持ちが溢《あふ》れてきます。感謝と喜び、この二つは日々の生活の中で極めて大切なことなのです。

【ひとりは万人のために】

次に、融通和合の中に生かされている私たちでありますから、他の一切の人を生かす存在とならなければならないということです。

永六輔さんの詩の一節に、

生きているということは　誰れかに借りを
作ること
生きていくということは　その借りを返し
ていくこと

というのがあります。たしかに生きているのは日々借金を重ねているようなものだといえます。

生きていくという積極的な姿勢は、その借金を少しでも返す努力をいうのです。伝教大師最澄の「一隅《ぐう》を照らす」生き方を指しているといえるでしょう。一隅を照らせば、一切を照らすのです。

本宗には宗祖良忍上人が阿弥陀仏から授かった偈文《げもん》の一節に、

「一人一切人《いちにんいっさいにん》　一切人一人《いっさいにんいちにん》」

というのがあります。この偈文の意味するところは「ひとりは万人《ばんにん》のために、万人はわがひとりのために」ということであり、また「ひとりはそのまま万人と通じ、万人はわが一人《いちにん》に帰入する」ということでもあります。

要は自分と他のすべての人との間に何の障礙もなく、一つ心にとけ合うことをいうのです。その障礙を取り除き、すべてのものが一つにとけ合い、自他の隔《へだ》てが全くなくなった世界を融通無礙というのです。

世の中に争いと憎しみが絶えることのない現状を見るにつけ、融通無礙の大切さがしみじみと思わされます。

しかし人間には、我欲《がよく》、我見《がけん》といわれるように「我《が》」というものがあり、それが相互の融通を妨《さまた》げるのです。

世に親友の間でも、また肉親同士でも、融通無礙になることは至難の業《わざ》です。常に自我意識と自己愛が先に立ち、相手の人格の中に自己の人格を投入し、一心同体になることはできないのです。それでもなお、お互いに相手を思いやり、幸せの道を歩みましょうというのは倫理道徳の領域です。これは甚《はなは》だ大切なことではありますが、そこに限界があります。

宗教の世界は人智を超越した大いなるものの中に身心を委《ゆだ》ね、それに随順《ずいじゅん》することによって無礙なる世界を現じてゆくのです。

本宗では自他ともどもに南無阿弥陀仏と称える念仏の行《ぎょう》を勧めるのは、そのためなのです。念仏者は無礙の一道《いちどう》なりといわれるように、南無阿弥陀仏の中には、徹底して自己をみつめ、そこに自己の醜《みにく》さに涙する世界があるのです。

また柔和な心と、他を思いやる慈悲の徳が含まれています。世間の煩瑣《はんさ》な出来事に惑わされない、ひろびろとした世界がひらけているのです。

そのような念仏の功徳は人種、性別、年齢を超えて、念仏を称える人と人の間に真実の繋《つな》がりができます。融通の輪（和）ができるのです。人と人は障礙します。すなわち無礙ではありません。しかし念仏と念仏は、念仏の持つ徳性が相互に融通して一切無礙です。だからそれを称える人と人も無礙なる世界を築くことができると教えるのです。

それゆえ本宗では、「早旦《そうたん》の念仏」といって、朝起床して洗面漱口《そうこう》を済ませてすぐ、西方に向かい十遍の念仏を称えることと、「日課の念仏」といって、一日百遍の念仏を毎日欠かさないことを奨励しています。

早旦の念仏は一日の始まりに、無常の世にきょうも朝日を仰ぐことのできた喜びと、有形無形のあらゆる恵みに支えられて、今あることに感謝するとともに、きょう一日のささやかな私のはたらきを通じて世の一切にご恩報謝してゆく心構えを培《つちか》うために称えます。

日課の念仏は、ややもすると怠惰《たいだ》に流れやすい心を精進の方へ向けしめ、憍慢心《きょうまんしん》と我見、偏見を反省し、共生《ともい》きの中に生かされていることに目覚めるために称えるのです。

本宗の仏教的生き方を要約すれば、世の中はすべてが融通和合によって成り立っていることを自覚し、自身もまた融通和合の一員としての勤めを、日々喜びと感謝を以て行《ぎょう》じること、更に宗教的により深い融通無礙の境地を思考し、それを体現してゆくために念仏を称えるという生き方に帰着するのです。念仏には人の心を柔らかくし、真に相手を思いやる徳が具備《ぐび》していますから、ともどもに一つにとけ合って、何の妨げもない自由な心の広がりを求めていくのです。

●現代人へのメッセージ

【どうか自殺を思い留《とど》まってください】

日本で年間の自殺者が三万人を超えている現状は、なんともやりきれない気持にさせられます。人はときに生きていくのが嫌になることがあります。自殺を選ぶにはそれなりの深刻な苦悩があるに違いありません。

しかし自ら命を断つことはどんな理由があるにせよ、それは間違いなのです。それは単に苦しみからの逃避にすぎないのです。世の中には苦悩をかかえている人は沢山います。この世は苦の世界なのです。

融通念仏の教えを持ち出すまでもなく、一人はすべての人に連らなっています。単独で存在しえないのです。人という字は左右からそれぞれ支え合っている形になっています。この生命は無数のものに支えられているのです。

いま、息について述べてみましょう。

人が生きているのは息をしていることでありますが、この息一つを深く考えてみてくださ い。大宇宙にみなぎる空気があり、その中に必要な酸素があってそれを吸い、不必要になった炭酸ガスを吐き出して呼吸しています。これが息をしているということです。眠っている時も、食事中も喧嘩している時も、他人の悪口をいっている時も、溜息をついている時も息をしているのです。

生まれてから此方《このかた》、何を忘れても息をすることだけは忘れたことがありません。人と宇宙が常に一体となっているこの不可思議なメカニズム、空気代を払ったこともなく、お礼を述べたこともないのに、宇宙は惜しみなく平等に息をさせてくれています。しかも殆《ほと》んどの人は今、息をしているということすら忘れて息をしています。つまり無意識のうちに吸う息、吐く息を繰り返しているのです。

考えてみれば、これほど有難いことが他にあるでしょうか。重い病の時、吸う息、吐く息をいやでも意識せずにはいられません。その時が必ず一度は訪れます。そう思えば今、無意識のうちに息をさせていただいていることを、感謝せずにはいられません。

失意のどん底で、もはや自分には何の助けもないと思うのは早計です。ちゃんとあなたを生かし続けようとして、息をさせてくださる大いなる力が、〝生きよ生きよ〟と支えてくださっているのですよ。

5 浄《じょう》土《ど》宗《しゅう》が説く〝生き方〟

藤本《ふじもと》 浄彦《きよひこ》

●浄土宗が説く仏教的生き方

【一人ひとりの資質に合う教えによって】

浄土教は、人間一人ひとりの資質と教えとが噛み合い、すべての人びとを等しく利益《りやく》する仏教です。浄土宗祖の法然上人（一一三三〜一二一二）は、

「浄土の教えは、この時代と人とに最もかなった教えであったから、盛んに行われる巡り合わせとなった。それはちょうど、水は昇らず月は降りてこなくても、天空の月が地上の水に映るように、仏と私たちの間には隔たりがあっても、仏の名前を称《とな》えれば、仏はただちにそれに応《こた》え救って下さるようなものであることを、知って欲しい」

（『選択集』最終章）

と述べます。

宗祖の精神を源泉とする浄土宗は、阿弥陀仏を信仰の対象とし、口に南無阿弥陀仏と称えることによって、人格を高めて明るく正しく仲良く生活し、浄土へ往き生まれること（往生）を

究極の目的とする〝生き方〟を現代の人びとに教え導きます。

実際には難しいことですが、何時・何処ででも「わが耳に聞こえるほど」に〝なむあみだぶつ〟と声に称える称名念仏をすることが大切です。その実践と心がけの中で日常の生活が営まれるときに、人格を高めて明るく正しく仲良く日暮らしができるのです。なぜかと言えば、私たちの行動は、すべて身体・言葉・心意という身口意《しくい》の三つの働きから成り立っているのですから、口に声で〝なむあみだぶつ〟と称えることは、身体と心意とに相応し繋《つな》がっているからです。この人間把握に注目したいものです。

【〝なむあみだぶつ〟と声に称《とな》えること】

〝なむあみだぶつ〟の名号《みょうごう》（名前・称号）を称えることとは、阿弥陀仏（無《む》量《りょう》寿《じゅ》であり無《む》量《りょう》光《こう》である仏）へ帰依する（拠《よ》り所《どころ》とする）こころを声に乗せて運ぶのであり、私どものこころを、仏は自らの願いの力で分け隔てなく平等に救おうとする慈悲のこころで受けとめるのです。したがって、俗に「仏は何時でも何処でも、あなたを見ている・聞いている・知っている」というように、私たちの〝生き方〟にいつも寄り添うように、仏が捉えられているのです。この感覚は、何にも換えられない、私たちの人生にとってすばらしいことです。

法然上人は、「生けらば念仏の功《こう》積《つ》もり、死なば浄土へ参りなん、とてもかくても此の身には、思い煩《わずら》うことぞなきと思いぬれば、死生ともにわずらいなし」と、その心境を吐《と》露《ろ》しています。私たちは、元気に過ごしている間は、念仏に勤《いそ》しみましょう。そのお念仏の功徳が積もって、阿弥陀仏の浄土へ迎えられて参るのです。そういう私たちですから、とにもかくにも、今、こうして生きている此の身には、思いわずらうようなことはないではないかと思えば、死ぬことや生きることがもたらす心配事は何もありません……と。

浄土宗の教えは、人の〝生き方〟の根本を、〝平生《へいぜい》・別時《べつじ》・臨終《りんじゅう》〟というライフサイクルで捉え、それぞれに心得と作法（行儀《ぎょうぎ》）を示します。つねに念仏を称えることを心がけ実践する〝平生の心得と作法〟。そのような心がけはマンネリ化して怠惰になりがちなので、特別に時間・空間を用意し緊張感を注いで称名念仏に勤しむ〝別時の心得と作法〟。そして、寿命の尽きるに臨んでは親しい縁者・善知識《ぜんちしき》とともに、阿弥陀仏の来迎《らいこう》を得て浄土へ往き生まれるための〝心得と作法〟。これら三種の行儀（心得と作法）は、現今においても大切な浄土宗信徒の心得と作法です。

法然上人は、次のような問答をしています。

「問うていわく、死後の念仏と平生の念仏と、いづれかすぐれたるや。答えていわく、ただ同じ事也。そのゆえは、平生の念仏、臨終の念仏とて、なんの変わり目かあらん。平生の念仏の、死ぬれば臨終の念仏となり、臨終の念仏の、のぶれば平生の念仏となるなり」（「念仏往生要義抄」）

……念仏に貫かれた〝生き方〟をおおらかに語っています。それは、「南無阿弥陀仏と申して、疑いなく往生するぞと思いとりて申す念仏」（「一枚起請文《いちまいきしょうもん》」）なのです。

【浄土宗的〝生き方〟の涵養《かんよう》・体得《たいとく》のために
――授戒会《じゅかいえ》と五重相伝会《ごじゅうそうでんえ》――】

浄土宗の教えに帰依し信仰する人びとに、その〝生き方〟を涵養し体得して頂くために、授戒会と五重相伝会とが各寺院で開かれます。

【授戒会《じゅかいえ》】　浄土の教えにおいては、慈悲の教えにおける〝あるべき在り方〟が、すべての人びとを救い取る網の目のように梵網経戒《ぼんもうきょうかい》として示されています。それは、戒律中心の上座部仏教ではなくて大乗仏教の慈悲の働きにおいて、倫理・道徳を仏の教えによって包み込む〝生き方〟の指針と言えます。

今日では三日間ですが、前二日間は勧誡師《かんかいし》が、三宝（仏法僧）に帰依すること→五戒（生きものを殺さない、盗みをしない、邪《よこ》しまな男女関係をもたない、嘘をつかない、酒を飲まない）を守る→三聚浄戒《さんじゅじょうかい》（万物万象の根本法則に従って規則・秩序正しい生活行為をすること、釈尊の説いた教法に従って正しく行為すること、すべてを捧げて世のため人のために働くこと）を勧める→十重禁戒《じゅうじゅうきんかい》（『梵網経』の説く十種類の重要な禁止事項：命あるものを殺さない、他人の所有物を盗まない、姦婬しない、悟らないのに悟ったような虚言をしない、酒を売らない、出家者が犯した過失を暴《あば》かない、自分を褒めて他人を非難し傷つけない、他人に財物や仏の教えを与えることを惜しまない、他人の謝罪を受け入れず怒り高ぶらない、仏法僧を非難しない）を実地に実践すること、を念入りに説き明かし勧める。最終日には、正しく儀式・荘厳《しょうごん》のもとで仏（釈尊）の名代《みょうだい》としての導師が、授戒作法にのっとって受者に授戒する（戒を授ける）。

この儀式を経験することによって、戒を授かった人は、仏の教えに生きる〝生き方〟を忘れることなく体得し実践する人生を歩むことができるのです。

【五重相伝会《ごじゅうそうでんえ》】　元来は、浄土宗の伝法制度として成立しました。浄土宗の教えと信仰実践を五つの段階で説き、宗旨の正意を相伝して〝生き方〟を涵養し体得する修養儀式です。

通常、五日間の修養儀式で、初重は自らの〝機根（資質）の自覚〟を深めて愚鈍なる自己の自覚、第二重は口称念仏《くしょうねんぶつ》こそが凡夫往生《ぼんぶおうじょう》の行であること、第三重は浄土念仏の教えを領解すること、第四重は凡夫往生を口称念仏行と教えの領解によって証《あかし》を得る。最後の第五重では〝なむあみだぶつ〟の名号の功徳にすべて収まること、を体得する修養の実践です。

五重相伝会では、修養の道場を聖なる荘厳《しょうごん》に設《しつら》え、此の世（穢土《えど》）の凡夫が、釈迦が勧め阿弥陀如来が浄土へ招く声に応じて、往き生まれる主体であることを体験します。その道場は、清浄《しょうじょう》なる美的感覚を呼び起こして、深く懺悔《さんげ》し滅罪《めつざい》し仏法僧に帰依し阿弥陀仏に任せきる〝なむあみだぶつ〟の一声々々のなかで、浄土へ往生する信仰と口称念仏する心構えを培《つちか》い育てる一歩一歩を歩むことになります。このことは、今の我が身が、仏の子・真の仏弟子へと生まれ変わることを意味し、浄土念仏信仰者の〝生き方〟を創り上げていきます。

このように、五重相伝会は、浄土信仰の極意を浄土の教行《きょうぎょう》として荘厳豊かに宗教的情調深く、受者に涵養し体得させずにはおきません。

●現代人へのメッセージ

宗祖法然上人の時代から八百年の時間を経過した現代社会において、浄土宗はどのようなメッセージを発しているでしょうか。このことは、法然上人八百年御遠忌《ごおんき》を終えた昨今において、ここ五十年の急激な社会変動・価値観の変化・死生観の変容などを経験するゆえに、とりわけ重要な問いかけです。

二十世紀は人間の限りない可能性を信じた光が射す時代でしたが、反面で人間の欲望の肥大、家庭の崩壊、道徳や教育の荒廃などの影も濃く露見されることは周知です。それゆえに、法然上人の「浄土門は愚痴《ぐち》に還《かえ》りて極楽に生まる」「智者の振る舞いをせずして、ただ一向に念仏すべし」の言葉こそが、現代を生きる人びとに「愚痴の自覚を」として杭打ちされなければなりません。

浄土宗は、浄土宗二十一世紀劈頭《へきとう》宣言として「法然上人の心を世界へ」というテーマを掲げて、次のようにアピールしています。

愚者の自覚を　家庭にみ仏の光を
社会に慈しみを　世界に共生を

愚者の自覚に立って、最も具体的な共同体である家庭のあり方が、み仏の光によって照らされ育てられていくこと。そして、家庭をとりまく社会へ関わる意識は仏の慈悲の賜物として働き続けられること。その心をもって共に生きることを実現すべき不断の努力によって、世界の対立抗争から脱け出るエネルギーとすることができるのです。

6
浄《じょう》土《ど》真《しん》宗《しゅう》が説く〝生き方〟

直林《なおばやし》 不退《ふたい》

●浄土真宗が説く仏教的生き方

【生き方・報恩行としての人生】

どんなにすばらしい教えも、それが苦悩を背負って歩みつづける人間の中に展開し、具体的な生き方を指し示してこそ、真価を発揮するのです。教義や思想がいかに崇高純粋で哲学的に完成された体系を構築し得たとしても、それがそれぞれの時代に生きる人間とかけはなれてしまっていたならば、本当の宗教とは云い難いのではないでしょうか。

それでは、浄土真宗の教えが、人間に対しどのような生き方を示唆してくれるのか、改めて考えてみましょう。

一見、浄土真宗に限らず浄土往生を願求する浄土教にあっては、死後の理想境としての浄土のみがクローズアップされ、穢濁《えじょく》に満ち満ちた現世をいかに生きるかに関してあまり重要視していないと捉えられがちでした。まして真宗は、宗祖親鸞聖人以来「無戒」を標榜《ひょうぼう》し、具体的行動規範としての戒律を制定していません。従って、「後生《ごしょう》は弥陀にまかせ、現世は俗法に従う」という「真俗二諦《しんぞくにたい》」説が何の矛盾もなく喧伝《けんでん》されてきたわけです。そして、信心を単なるこころの問題に矮小化し、自らの実際の人生は簡単に世俗の価値観や別個の学問思想にゆだねるという生き方が、真宗信者の人生観とされてきました。しかし、このような立場からは、最早苦悩を克服しようとする強いエネルギーや時代社会に対する積極的姿勢も、生まれてこないのではないでしょうか。

　浄土真宗の理想的信者像としては、妙好人《みょうこうにん》の評価の問題があります。妙好人とは、古く中国の善導大師が念仏する人をほめたたえ「白蓮華（妙好華）」にたとえて敬った表現であり、その後煩悩の泥田の中で生きる正信《しょうしん》念仏者への尊称として親鸞聖人も使われ、広く流布してきました。

　一方、江戸後期の幕藩体制下に生きる信者達の伝記を石見国《いわみ》（島根県）浄泉寺仰誓《ごうせい》和上が『妙好人伝』として最初に編集秘蔵し、没後に誓《せい》鎧《がい》・僧純《そうじゅん》・象王《しょうおう》各師によって出版や続篇の刊行がなされるに至ったのです。狭義の妙好人とは、この『妙好人伝』に収録された封建制下の信者達に限定して議論される場合も多いです。

妙好人の一人、因幡の源左さん

　そして、刊本『妙好人伝』に見る念仏者像の特色に関しては、その常軌を逸した行動の他に、封建領主や体制秩序への服従を強調している点が指摘されてきました。

しかし、仰誓師編の写本『親聞妙好人伝《しんもんみょうこうにんでん》』を繙《ひもと》くと、勢州治郎左衛門伝のように我が子の死を縁とした真宗僧侶との問答を通じ、神道を捨てて念仏者となり、

教へある　世のはかなさや　思ひ子の
先立つ法の　道に随ふ

との歌を詠んだ物語も見られます。そこには、苦境逆縁の中にあっても現実から逃避することなく、仏法にであい念仏者とならせてもらったご縁をよろこぶ姿が垣間見られるでしょう。伊勢という神道色濃厚な風土の中での、高田派門徒の遇法入信譚として興味深いこの物語は、なぜか僧純師の手によって出版された刊本では消去されてしまっています。

重荷せ負うて　山坂すれど
御恩おもえば　苦にならず

これは、江戸末期に生きた六連島《むつれじま》お軽同行《かるどうぎょう》が自らの心境を歌ったものです。お軽さんだけでなく多くの真宗信者達は、常に娑婆の苦悩に喘《あえ》ぎながら、無量の時の中で一切の生命の救済の道を求めつづけた阿弥陀如来の艱難《かんなん》と、ご開山親鸞聖人はじめ祖師方の辛苦に思いを馳せ、ひたすら前向きに歩みつづけてきたのでした。念仏者にとって日々の生活のすべてが、この世に生命を恵まれて仏法にであわせていただいたことへの、報恩の営みとなるのです。

こうした真宗行者の報恩の人生観は、決して単純な「あきらめ」の論理や自己の内のみで完

結するものではないのです。浄土真宗の篤信者であった小林一茶翁は、

春雨や　食われ残りの　鴨《かも》が鳴く

との句を詠みました。一茶は、春雨にけむる空に鳴く鴨の声にも人間と同じ生命を感じ、また他の命を奪わずには生きていけない人間の罪業の深さを抉《えぐ》り出しています。最近の歴史学研究の成果によると、江戸時代浄土真宗の盛んな地域では「堕胎《だたい》」の比率が低く、結果として人口増加が顕著であった、といいます。おそらく、どれほど貧しくとも全ての生命への「やさしさ」を忘れぬ真宗信仰が脈々と生きつづけていた証であるといえるでしょう。

戦中から戦後の変化に富んだ時代を生きぬき昭和五十九（一九八四）年死去した広島の斎藤《さいとう》政二《まさじ》翁は、病と向きあう晩年の日々に沢山の短歌をよみました。

反核と求法にもゆる　安芸《あき》門徒
　しんらん様にひかれ　渡る白道

人の智慧　すぐれし悪の　火となりぬ
　核をたやさん　親の智慧かり

彼は、たとえ孤高な「白道」であっても、平和を希求することこそ、親鸞聖人の願いに応える道と捉えていました。また、人間の身勝手によって生れた核兵器の火を、仏智の力を借り廃絶したい、という願いを語っています。まさに仏法を己の生き方の根幹に据え、凡夫のささやかな営みではあるけれども、苦悩の現実世界の中で、具体的な方向性を持った報恩行を実践し

ようとする強い決意のほどが窺《うかが》われます。

たしかに浄土真宗は、来世往生を願う信仰であり、戒律の条項もありません。しかし、真宗念仏者達の歴史を仔細に辿ると、決して苦悩の現実から逃避することなく、逆縁をよろこびに転じご恩報謝の人生として意味づけていく姿や、人間の罪悪性にめざめ全ての生命のうえに慈しみの心を注ぐやさしさ、そして念仏の教えに基づき平和を求める報恩行の方向性も、まちがいなく存在したのです。

それらは、あくまで史料にあらわれたわずかな片鱗にしか過ぎません。しかし、真宗が日本最大の宗派にまで成長したかげには、歴史の闇に埋もれてしまった多くの民衆達の、苦悩の中でひたすら念仏を生きる力にした地を這うような人生があったといえるでしょう。

●現代人へのメッセージ

現代社会に生きる我々の苦悩は、経済の二極化などの要因によっていよいよ深まり、また複雑化の様相を呈しています。

例えば、年間三万人にも及ぶ自死者とその遺族にどう向きあうべきなのでしょうか。「生きたくてもどうしても生きることができない」極限の情況の中で死を選択しなければならなかった人や遺された近親者に対し、声高に「生命の尊厳」を説いても、両者の「溝」は深まるばかりだと思います。

今、真宗のみ教えに根ざす我々が最初になすべきは、ともかく相手の様々な思いをひたすら聞き、そしてそれを可能な限り受けとめることではないでしょうか。相手に寄り添うことは、決して容易ではありません。まして私も含めて、知らず知らずの内に自らや他者を傷つけてしまいがちな、そして所詮自分の尺度でしかものごとを捉えられない不完全な人間にとって、それは至難の道です。

しかし、今まさに現に苦悩の淵に沈まんとする人間がいる以上、無関心は許されません。十方衆生の苦悩を我が苦悩と受けとめ、その救済を誓われた阿弥陀如来の本願を仰ぐ我々にとって、ともかくいかに小さな歩みでも、できることから始めていくべきではないでしょうか。私の親しい法友である真宗寺院の住職の中にも、広く苦悩に寄り添うべく果敢な挑戦をする方々が居られます。

寺の近くの民家で高齢者のグループホームをたちあげた釈徹宗博士の奮闘ぶり、医師としての自身の経験に根ざし自死遺族と真剣に向きあいはじめた杉本光昭さん、夜間中学校で教鞭《きょうべん》をとりつつ「教育を受ける機会のなかった人から逆に沢山のことを教えていただいた」と語る蕚《はなふさ》慶典さんの姿に接する時、私自身大いに敬服し勇気づけられるのです。

7 臨《りん》済《ざい》宗《しゅう》が説く〝生き方〟

杉《すぎ》田《た》寛仁《かんじん》

●臨済宗が説く仏教的生き方

【生活の場が悟りの世界】

禅語に「歩歩是道場《ほほこれどうじょう》」という言葉があります。現代的に訳せば、

「生活の場そのものが悟りの世界」

という意味になります。あるいは、

「日常の振る舞いや行動、一つひとつがみな修行の場であって、悟りに至る道である」

という意味にもなります。

そんな生活の場で、自分の心にある仏の心、すなわち仏心《ぶっしん》を探究し、その仏心を活かしながら、自分も他の人も幸せにしていく。これが臨済禅の一つの目的になります。仏心を「仏性《ぶっしょう》」あるいは「本当の自分」と言い表してもいいでしょう。

このことを踏まえ、実際に僧堂という場で修行する雲水《うんすい》（修行僧の意味）の生活の在り方を模範として、それを一般の生活に照らし、臨済宗の仏教的生き方を考えてみます。

【規則正しい生活をする】

まず、規則正しい生活をするということです。規則正しく生活することが、仏教的生き方の基本といえます。

なぜ規則正しい生活が大切なのかといえば、身体が健康に保たれ、心も乱れにくいということなのです。身体が健康でなく、しかも心が乱れていては、自分自身の中にある仏心を見つめることはできません。

中国の臨済宗の開祖、臨済義玄和尚

日ごろから不規則な生活をしたり暴飲暴食的な生き方をしている人に、急に坐禅をして自分を見つめよ、といっても無理なのです。それは常に生活面で安定した生き方をしていないので、心が乱れやすく、自己を見つめる作業はなかなかできないわけです。

今の子ども達は比較的寝るのが遅いといいます。塾があったり、テレビを見たりゲームをしたり、コンビニも二十四時間あいていますから無理もないと思いますが、そのため夜寝るのが遅いので、朝は学校へ行くぎりぎりまで寝ていて、朝食をとらずに学校へ行く子供も多いのです。学校の給食が栄養源になっている子もいます。こんな生活をしていれば、生きる力も減退してきます。朝早く起き、朝食をとり、しっかり排便をして、学校へ行く。決まった時間に宿題をし、夜は早めに寝る。これだけでも成績があがり、生きる活力がでてきます。規則正しい生活なので、身体も安定し、心も落ち着いてくるわけです。

大人であっても、不規則な生活をしていれば、身体も疲れ、ストレスもたまってきて、心も落ち着きがなくなり、仕事の面でも、正しい判断ができなくなります。その意味で、規則正しい生活は、とても重要な生き方になるわけです。

【感謝の思いを抱いて生きる】

次にあげられる仏教的な生き方は、すべてに感謝の思いを抱くということです。感謝の思いは心を柔らかくし、広い世界を見る力を養うことができます。自分勝手な思いでは、狭い世界観しか得られず、感謝の思いも持てず、生かされている自分を知ることはできません。感謝の思いを深めることで、広く相手の存在や、神仏の思いを知るようになるわけです。

一つの基本は食事です。食事をいただくときに、深く感謝の念をささげることが大切です。僧堂のように、お経をあげていただくというのはできないでしょうが、せめて「天地の恵みと、食べ物の命、作ってくださった人に感謝をささげ、食べ物を粗末にせず、人様のお役に立てるように」と、心深く念じていただくことが大事になります。

感謝の思いを育てながら、人にはやさしさを与えることです。僧堂では、食事のときには食べ物をいただけないで困っている人に生飯《さば》といって、ご飯を少量差し上げます。自分のものを分け、相手に差し上げる、それは感謝の思いを抱いてはじめてやさしくなれるからです。

【一つ一つのことに真心を込めて生きる】

禅に「随所《ずいしょ》に主となる」という教えがあります。一つのことを一所懸命、真心をこめておこなうということです。仕事には貴賎がないとよく言われることですが、一つ一つの仕事を心を尽くしておこないます。与えられた仕事を真心込めておこなうところに、心も磨かれていくのです。

禅ではその場合、真心込めてする自分に、仏と同じ姿を感じ取ります。これが実に充実感と幸せをもたらすのです。

【静かな時間を持ち自分を見つめる】

仏教的生き方の中に、静かな時間を持つというのも非常に大切なことです。これは自分を見つめる作業をするからです。忙しくいつもがしゃがしゃとした生活の中では、自分を見失いがちになり、正しい判断ができなくなります。テレビのコマーシャルのように数秒で変わっていくこの世の暮らし方でなく、静寂で時間の流れを感じない、そんな時間が仏教的生き方には必要になります。

一日一度、あるいは一週間に一度は静かな時間を取り、呼吸を調えて、自分を見つめる時間を取ります。前述した規則正しい生活と、感謝の思いを抱き、真心こめて生きる毎日の中に取ることのできる宗教的な時間です。

【教えを学びとる】

仏教的生き方で、教えを常に学んでいくこともあげられます。臨済宗では「四弘誓願《しぐせいがん》」という四つの誓いを書いた短いお経ですが、このお経をとても大切にしています。その三つめの誓いに、「法は限りなく深く広いけれども、学ぼうと誓う」がでてきます。法とは教えのことです。禅では「不立文字《ふりゅうもんじ》」が有名で、文字では伝えられない心奥《しんおう》の悟りを大事にしますが、祖師方で本を読み学ばない人はいません。法を学び尽くす志がなければ、不立文字の境地にも至れないわけです。

ですから、常にさまざまな出来事や出会い、また書物の中から学びとろうという生き方が大切になります。

【人格向上を目指す】

もう一つ大事な仏教的な生き方をあげてみます。

僧堂で毎日唱えるお経の中に、「種智《しゅち》を円《まどか》にせんことを」という教えがでてきます。私達の心には大いなる仏と同じ知恵があり、これを仏心と呼んでいるのですが、その仏と同じ知恵はまだ小さな種であるので、それを大きく育て、花開かせられますように、そして多くの人の幸せのために生きられますようにと祈るわけです。分かりやすくいえば、人格が向上し、仏と同じ心で生きられることを願うのです。

人格向上のために努力していくという思いを、日々お経を唱えるように持ち続けて生きることが仏教的生き方でもあります。

●現代人へのメッセージ

【介護について】

平成二十一年の四月二十一日、タレントの清水由貴子さんが介護疲れで自殺しました。お父さんの眠る静岡のある霊苑で硫化水素を吸っての自殺であったようです。隣にいた車いすのお母さんは意識不明でした。今の時代を象徴するような事件で、今後老人が増えていく日本において、大きな問題になっていく予感を思い起こさせました。

国際連合では総人口のうち六十五才以上の人口が七%を超えると「高齢化社会」で、十四%を超えると「高齢社会」と定義しているようです。日本では一九七〇年にすでに七%になり、一九九四年に十四%になっています。この間わずか二十四年です。

総務省の平成二十年の調査では総人口に占める六五才以上の割合は、二十一・五%になっています。老人のすべての人に介護が必要になるわけではありませんが、介護の人数はさらに増え、それを介護する人達の負担もさらに増していくことが推測されます。

清水由貴子さんの場合、昼夜の介護で肉体的にも精神的にも大変であったと思います。この場合、マイナス面ばかり見ていると力が湧いてきません。積極的な考えが必要になります。

禅には、

「日日是好日《にちにちこれこうにち》」

という教えがあります。「毎日が幸せだあ」と

念じて生きることです。プラスの面を見て、

「こんなところにも幸せがあった、今日もかけがいのない好い日ではないか」

と思うことなのです。

また静かに自分を見つめ、どこまで自分は頑張れるのか、頑張りがどこまでいけば自分が倒れてしまうのかを、知ることです。そして自分の限界が来る前に、家族や親戚にお願いするとか、公的機関に相談し、自分の足りないところを補ってもらうという判断が必要になるのです。

これからの問題としては、どう家庭を調和させるかです。公的機関も多くの人を介護するのは限界がありますから、家族のみんなが協力して老いを看取ることが大切になってくると思います。そのためには家族みんなが、感謝の思いを培い育てる仏教的生き方が大切になるのです。

…閣出版案内

…1401　振替 00130-8-19
…aihorin-kaku.com

仏教 悟りながら生きる
…ッダの英知〃がこころの支えになる—

スマナサーラ 著　日本仏教では学べない、…の人間幸福論を初公開！

一九九五円

神と仏の物語
…の昔、日本人は〈神〉と〈仏〉を分け隔て…た。本書は、全国各地に伝わる様々な「神…豊富な写真資料とともに紹介。

一六八〇円

親鸞像『口伝鈔』講義
『歎異抄』にはない親鸞の行実や、同じ逸話…度から著した『口伝鈔』。親鸞の曾孫で本願寺…が集めた親鸞の言行録を読み解く。

二五二〇円

…ての本 上座仏教 ―常識が一変する仏陀の教え
スマナサーラ 著「どう生きたらいいのか」…育てるか」で決まる。上座仏教の長老が、お…をやさしく説いた福音の書！
一八九〇円

…改訂新版
…道 著
…大な禅僧・澤木老師が、軽妙な語りで深遠…の世界を説き明かす。
二五二〇円

…経新講
…文 著
…巻二十八品の全訓読…

空海と真言宗がわかる本
宮坂宥洪ほか 著　空海の生涯、思想、著作、書、大師霊場、また真言宗の葬儀、他宗との違い、梵字の書き方、曼荼羅の見方なども解説した充実の一冊。
一五七五円

道元と曹洞宗がわかる本
角田泰隆ほか 著　道元の生涯と教え、思想・名言、『正法眼蔵』、曹洞宗の歴史、他宗との違い、お経、葬儀の中味、坐禅の仕方等々を平易に解説。
一六八〇円

これだけは知っておきたい 浄土真宗の基礎知識
山崎龍明ほか 著　真宗では、なぜ清めの塩を使わないのか？　戒名でなく法名という理由は？　浄土真宗の「しきたり」や親鸞聖人の教えを平易に解説。
一五七五円

これだけは知っておきたい 般若心経の基礎知識
田上太秀ほか 著　般若心経の現代語訳と語句の意味をやさしく解説。さらに名僧たちの心経理解や、読経・写経の心得、人生に活かす心経の教えを紹介。
一五七五円

日本仏教十三宗 ここが違う
安田暎胤・平岡定海 他共著
本尊や教義など共通の設問を通して各宗派や流派の相違をとらえる。
一八九〇円

梵字でみる密教 その教え・意味・書き方
児玉義隆 著

10円です。

8 曹《そう》洞《とう》宗《しゅう》が説く〝生き方〟

青山《あおやま》 俊董《しゅんどう》

●曹洞宗が説く仏教的生き方

【わが人生を一曲の能舞台にたとえて】

ある講演会場で、能の金春《こんぱる》流の家元さんとご一緒に講師を勤めたことがありました。控え室に入ったらすでに家元さんは紋付袴の姿で端然とお坐りになっておられ、私が座に着くのを待ちかねたように質問をしてこられました。

「私は若いころから禅に関心を持ち、坐禅もしたいと思いつつ、つい家元修行に忙しく、その機を逸してしまいました。いったい禅とは何でしょう。禅と生活とはどういう関係にあるのでしょうか」

私は端的にお答えしました。

「禅とは特別のものではありません。気まぐれな私の思いを限りなく放下《ほうげ》して、生かされている生命《いのち》の真実の姿に順《したが》って毎日を生きるということです。

具体的な例をあげましょう。家元さんが一曲の能をお舞いになる。一歩舞台へあがったら、どの一手《ひとて》もどの一足《ひとあし》もどの一声も、せいいっぱい、あるべきように唱《とな》え、舞いして舞台をおりてはじめて一曲の能はみごとに舞いおさめたといえましょう。一つの舞台の中の一部分だけを立派に舞えばよいというものではないでしょう。

家元さんの人生を一曲の能舞台と考えてみて下さい。私の人生という一曲の能の中には、病む日も失敗する日もありましょう。小さくは一日の中で朝起きて布団を畳む、洗面に立つ、お食事、掃除と、生きる営みのすべてが次々と展開します。その一つ一つを、やりたいようにではなく、あるべきように心して勤めあげる。かくして私の人生という一曲はみごとに舞いおさめたといえる。そういう生き方を禅の生き方と呼ぶのです」

【宗教は生活である】

澤《さわ》木《き》興《こう》道《どう》老師のことばに、「宗教は生活である」という一句があります。この言葉の心を浮き彫りさせるために、この「生活」のところへ別の言葉を入れてみましょう。

「宗教は学問である」と勘違いしている人もいるでしょう。釈尊が世に出られて約二千五百年、多くの祖師方が限りなく教えを説かれ、その教えの文字・教理を追っていたら、何度生まれかわっても尽きることはないでしょう。教理・文字はどこ

澤木興道老師

までも具体的人生の歩みの上で、間違いのない生演奏をするための楽譜であり、薬にたとえたら効能書きであり、今ここでの実践という生演奏を忘れて、教学を追うことで事足れりとしているようでは、本末顚倒もはなはだしいといえるでしょう。

「宗教は芸術である」と勘違いしている人もいるのではないでしょうか。仏像や伽藍や庭や、または禅文化と呼ばれるものに情熱をもやし、仏法を宣揚しているつもりになってはいないでしょうか。仏法への結縁となっても、仏法そのものへの誘引を忘れたら見当はずれです。

「宗教は職業である」と思いこみ、しかもその間違いに気づかぬ僧侶の何と多いことでしょうか。宗教は職業ではありません。「たった一度の生命の今をどう生きるか」を、とことんまで追求し、行き着いたところ、最後の落ち着き場所を、みずからも実践し、他にも伝える、それが宗教に生きる者の本命であって、職業ではないのです。生きるためのなりわいではないのです。

「宗教は趣味である」と気楽にかまえている人も多いです。お話を聞くの好き、坐禅するの好き、お寺や庭を見て歩くの好き等々。毎日の自分の生活に、人生に照らし返すという工夫努力があってはじめて、聞法《もんぽう》も坐禅も実のあるものとなります。人生の旅路において具体的におきてくるいろいろの問題の只中で、教えを実践しようと思うと、一句も通らない自分に気づきます。自分の人生を通さず、頭の先だけの理解にとどまり、言葉づらだけに酔っぱらっているのは趣味の段階といえるでしょう。

このように「生活」の二字に別の言葉を入れてみることで、澤木老師の「宗教は生活である」の一言が、途方もなく大変な言葉であることがうなづけるのです。

【時間の使い方は生命《いのち》の使い方】

千日回峰《かいほう》を果たした上に「断食・断水・不眠・不臥《ふが》」という、まさに命をかけての修行をされた某阿闍梨《あじゃり》が、ある日、御自分のお弟子さんを（筆者が堂長をつとめる）尼僧堂へあずけたいと申し出られたことがありました。

千日どころか一日も歩くこともできず、一日の断食も断水もできない私に、何も語る資格はないことを充分承知しながら、私はあえて申し上げました。

「道元禅師の示される修行のあり方は、時、と事を限る修行ではなく、一日二十四時間、一生のすべてを修行と受けとめるあり方です。道元禅師のお言葉に『身肉手足《しんにくしゅそく》を断《た》つことはやすきことなり。よりくることに心品《しんぽん》をととのうるは難《かた》きなり』というのがあります。特別のことをするほうがむしろやさしいが、あたり前のこと、平凡なことの一つ一つを大切に、あるべきように勤めることのほうがむずかしいとおっしゃっておられます。手洗いの用の足し方から廊下の歩き方、台所での菜っ葉一枚の扱い方に至るまで心して立ち向かう、これが道元さまの修行のあり方です。それでよろしければお引き受け致しましょう」

「しゅぎょう」という文字には「修業」と「修行」の二種があり、「修業」の方は技であったり世の生業《なりわい》の学びのことです。これには一応の上達も卒業もあります。「修行」の方にも二種あって、上述したように千日というように時を限り、回峰行とか断食というように事を限る修行と、人生の生き方のすべてを修行と受けとめるあり方とがあります。時と事を限る修行には終わりがありますが、生き方そのものを修行と受けとめるあり方には終わりはありません。むしろ深まるほどに足りない自分に気づき、「道窮《きわ》まりなし」の精進という姿となり、むしろ至難《しなん》な行といえるでしょう。

ノートルダム女子大の前学長の渡辺和子先生の、ある日のお話が心にのこります。

若き日、アメリカで修練女としての朝夕を過ごしておられた渡辺先生は、配膳係という配役で皿を並べていたとき、背後から修練長の厳しい声がかかったといいます。「シスター、どういう心でその皿を並べていますか?」と。「いいえ、何も」と答えたものの、〝こんなつまらない仕事を〟と思いながら並べていたことは間違いないし、体がそれを語っていたのでしょう。「あなたは時間を無駄に過ごしています。やがてそこに座る一人一人の幸せを祈って並べたらどうですか」と。渡辺先生はこの修練長の言葉を紹介されたあと、

「同じ仕事をしていても〝つまらないつまらない〟と思いながらやったらつまらない時間を過ごしたことになる。人の幸せを祈りながらやったら幸せを祈る時間を過ごしたことになる。一時間を生きるということは一時間のいのちを生きるということです」

「世に雑用というものはありません。用を雑にしたとき雑用が生まれるのです」

と語られたのでした。

〝時間の使い方は生命の使い方〟と、どの一瞬もかけがえのない、やりなおしのできない私の生命の歩みとして大切に生きる、まさに澤木老師のおっしゃる「宗教は生活である」の心そのものであり、道元禅師の生き方をみごとに示されたものといえるでしょう。

●現代人へのメッセージ

【病気になったら病気という一行《いちぎょう》に取り組む】

迎えに来てくれた女性の運転手が語りかけてきました。

「先生、私、主婦業と母親業と、農業と運転手と、四つを力いっぱい頑張っています。毎日が充実してとても楽しいです」

いかにも楽しげに声もはずんでいました。毎日の営みに生き甲斐を感じ、生き生きと生きることのすばらしさを共に喜びながらも、私は何としても云わないではおれない思いにかられて、語り出しました。

「若さと健康のお蔭で、四つの分野をみごとにこなすことができるうちはすばらしい。しかし、いつまでも若さや健康が続くとは限らない。やがて必ず老いる日が来る。病む日も来る。四つのうちの一つさえもできなくなる日が来る。更には自分のことさえできなくなる日が来るかもしれない。ばりばりと仕事ができるということからのみ生き甲斐を感じていたら、それができなくなったときの絶望感は、救いようがないほど深いものとなる。

道元禅師は『一行に遇うて一行を修す』とおっしゃった。一つのことに出会ったら、その一つのことに、姿勢をくずさずに驀直《まくじき》に立ち向かえとおっしゃる。たとえば病気という一行に出逢ったら病気という一行に、気に入ったことに取り組むと同じ姿勢で立ち向かい、そういう生き方に生き甲斐を感ぜよと示される。寝たきりになったら寝たきりに取り組む、母親業に取り組むと同じ姿勢で。そういう人生への取り組み、生き甲斐の感じ方を、元気なうちから心にとどめておいて下さい」

八十歳を過ぎて老妻に先立たれ、一人ぼっちになった御老人の方がやってきました。淋しそうに「孤独地獄に堕《お》ちています」とポツリとつぶやくように云われました。よくゆきとどいた奥さまであっただけに、さぞかしおつらかろうと思いつつ、声をはげまして私はいいました。

「内山興正老師が最晩年、こんなことをおっしゃいましたね、〝人生の最後には、世捨て人じゃなくて、世捨てられ人のような状態になるでしょう。その世捨てられ人のような状態をぐずらずに受けて立ち、それを勤めあげることに情熱をもやす、その生き方を『一行に遇うて一行を修す』というのです〟と。人生の最後に一番厳しい修行が待っているようです。道元さまの教えを、頭ではなく体当たりで実践させていただくチャンスかもしれませんね」

と。

9

日《にち》蓮《れん》宗《しゅう》が説く〝生き方〟

互井《たがい》 観章《かんしょう》

●日蓮宗が説く仏教的生き方

【なぜ？と思うことの大切さ】

私たちは、それぞれご縁があってこの世に生まれてきました。類《たぐ》い稀《まれ》なるご縁によって、母の胎内に命を宿した時から、ものすごいスピードで細胞分裂を繰り返し、気の遠くなるほどの進化の過程を、僅《わず》か十月十日で成《な》し遂《と》げ、この世に生まれ出てきます。それほど大変な思いをして生まれたのに、生まれ出たこの世はもっと苦しく大変な世界でした。

先《ま》ず、母から生まれることだけでも苦しくて泣き叫ぶほどなのに、年を取る・病気になる・死ぬ・お金に困る・別れがある・人を憎むなど、数々の苦しみに満ち溢《あふ》れています。

なぜこの世はこんなに苦しいのか。なぜ私はその苦しみを受けなければいけないのか。そもそも、なぜ私はこの世に生まれてきたのか。この「なぜ？」という疑問を持つことは大切です。この疑問があるからこそ答えを求めるのです。「なぜ？」という問いこそ、仏教的生き方の第一歩です。

苦しみの泥沼から抜け出すことは大変なことです。ついつい、楽な方、怠《なま》ける方に向かってしまいます。しかし、いつまでも苦しみから眼を背けているわけにもいきません。苦しみに真正面から向き合う勇気と、自分自身を変えていく気持ちが必要です。その勇気と大切な気持ちを支えてくれるのが、お釈迦さまのお説きになられた法華経の教えです。その法華経を実践して、私たちに正しい生き方を示してくれたのが日蓮聖人でした。

【自分の力を信じて】

「心は三毒ふかく、一身凡夫《ぼんぷ》にて候《そうら》へども、口に南無妙法蓮華経と申せば如来の使いに似たり」（四条金吾殿御返事《しじょうきんごどのごへんじ》）

私たちは、自分の心を映す鏡を持っていません。だから、「自分が正しい」とか「私は間違っていない」と思ってしまいます。しかし、その考えが苦しみの根源なのです。私たちの心は「三毒《さんどく》」に汚染されています。三毒とは「怒り」「欲望」「愚かな心」という煩悩です。この煩悩が私たちの心を苦しめ、迷いの人生を生み出します。

そんな私たちに対し、日蓮聖人は「法華経を信じ、南無妙法蓮華経とお題目を唱えれば、煩悩を解き放つことが出来るのだ」と説かれました。地獄の鬼も仏の浄土も、私たち自身の心の中にあります。今は仏の心が三毒に覆《おお》い隠され曇っています。しかし、三毒を拭《ぬぐ》い去って心を磨き上げれば、自分の中に光り輝く仏が出現するのです。その三毒を消すことが「修行」で

お題目を唱える日蓮聖人の像（清澄山）

す。

法華経が説く修行とは、法華経を大切に思い、読経し、内容を勉強し、書き写すことです。その功徳によって、すべての苦しみから解放されるのです。修行とは「自分の生き方を修正する行い」です。仏を思う気持ちのない者には、悟りを求める気持ちを持たせ、慈悲のない者には、慈悲の心を持たせ、怒りのある者には、やわらかい心を持たせ、嫉妬の多い者には喜びの心を持たせ、愛欲や貪《むさぼ》りの多い者には欲望の根を断ち切り布施の心を持たせ、怠け者には精進の心を持たせ、落ち着きのない者には静かな心を持たせ、愚痴《ぐち》の多い者には仏の智慧を授け、悪いことをする者には、善い行いをするようにするのが修行です。私たちは自らの行いにより、苦しみから解放されることを信じてください。

【恩返し】

「いっさいの善根の中に、孝養父母第一にて候《そうろう》なれば、まして法華経にてをはす。金のうつわものにきよき水を入れたるが

ごとく、すこしも漏《も》るべからず候」（窪尼御《くぼあまご》前御返事《ぜんごへんじ》）

日蓮聖人の出家の理由は、父母を救うことでした。自ら法華経の行者となり、法華経のお題目を、すべての人たちに伝え、心の中心に置き、実践させることに一生を賭けた人生でした。

法華経に導かれる私たちは法華経の行者です。その行者は父母への孝養を第一と考えます。そのためにも、私たちは、法華経の示す誓願を持たなければなりません。

その誓願とは、

①苦しむ人が限りなくいても、その人を法華経により救い、導いていくことを実践します。

②三毒に代表されるような煩悩が無数にあったとしても、決して諦めず、すべてを消し去っていくことを実践します。

③お釈迦さまの教えが限りなくあっても、必ずやすべてを学びつくすことを実践します。

④仏に成《な》る道が、どんなに遠く険しく、孤高の道であったとしても、必ずや最後まで歩き通すことを実践します。

この四つの行いを実践することを誓い、必ずや成し遂げることが法華経の行者としての生き方です。

この世で法華経に出会い、法華経を実践し、法華経により菩薩の道が歩めるというのも、すべて父母のおかげです。私を生んでくれた父母は、法華経の行者を助けるものであり、守護する存在です。

「日蓮はうけがたくして人身をうけ、値《あ》いがたくして仏法に値い奉《たてまつ》る。一切の仏法の中に法華経に値いまいらせ候《そうろう》。その恩徳をおもえば父母の恩・国主の恩・一切衆生の恩なり。父母の恩の中に慈父をば天に譬《たと》え、悲母をば大地に譬えたり。いずれもわけがたし。その中悲母の大恩ことにほうじがたし」（千日尼御前御返事《せんにちあまごぜんごへんじ》）

この世に生まれたことも不思議であるし、仏の教えに出会えたことも不思議なことです。最高の教えである法華経に出会えたことに対して、父母・この国・すべての人々に感謝して、この恩に報いていかなければなりません。日蓮聖人は、父母の恩は大きく、父を天にたとえ、母を大地にたとえ、どちらの恩も大きいですが、特に母から受けた恩の大きさは計り知れないと述べています。

その恩に報いるためにも、日々の中で南無妙法蓮華経とお題目を唱え、仏の教えを信じ、法華経の教えを習い極め、仏になることが恩返しなのだと説かれました。しかし、そのように、思う人は多いけれど最後までやり遂げる人は少ないのが現状です。決して横道にそれず最後までやり遂げることが大切です。すぐには達成できなくても、行いを続けていれば、必ずや花開くことができます。どんなに寒い冬でも、必ずや春が来るように、法華経の行者は必ず仏になるのです。たとえ苦しいことがあっても、それをそのまま受け入れ、苦しみに振り回されるようなことがなくなります。信心が強ければ、心が楽になるのです。そのような生き方こそ、日蓮聖人とご縁のあった私たちの生き方なのです。

●現代人へのメッセージ

我々の周りには「病気」「老いや介護」「リストラ」「引きこもり」など深刻な苦しみや悩みがたくさんあります。そんな私たちが、この世で生きていくための道しるべとなるのが法華経の教えです。法華経を通して自分自身を見つめなおしてみましょう。

①私たちは周りの環境に左右されやすいので、環境の変化に左右されない心と身体を持つことが大切です。そのために心の柱となる正しい教えである法華経が必要なのです。

②私たちは誰にも欲があり、いつも怒っていて、毎日ぶすっとした顔をして生きています。これこそが仏教の説く「三毒」です。三毒を消し、お寺に安置してある仏像のような微笑を持って生きていくのです。

③私たちは自分の物差しで、すべてを計ろうとします。苦しみも悩みも怒りも、全部他人のせいにしてしまいます。そんな「私」という、ちっぽけな存在にとらわれず、仏の目を持って世界を見ることが大切です。法華経を通して世界を見ると、まったく違う世界が見えるはずです。三毒に犯されているときこそ、そのことを忘れてはいけません。

④実際の生活の中でできる、菩薩としての生き方を実践してみましょう。社会の中で人々と共に苦しみ、共に悩み、そ

宮沢賢治

れを正面から受け止めて生きていくのです。そこには、自分の欲などは存在しません。他のために生きる姿こそ法華経が説く菩薩としての生き方です。

⑤他人から良い人だと思われたい、認めてもらいたいという気持ちは誰にもあります。しかし、その気持ちと現実とのギャップが苦しみを生み出します。自己を忘れ、仏の教えにしたがって他のために生きることを目指します。

これらは、なかなかできることではありませんが、そういう菩薩的な生き方をしたいと誓願を立てたのが、宮沢賢治の「雨ニモマケズ」です。自分の問題はいったん横において、他のために生きてみませんか。きっとそこから新しい道が開けていけるはずです。どのように生きたらいいのか悩んでいる方は、是非一度「雨ニモマケズ」を自分の生き方の手本として読んでみて下さい。

10 時《じ》宗《しゅう》が説く〝生き方〟

朝野《あさの》 倫徳《りんとく》

●時宗が説く仏教的生き方

時宗《じしゅう》には、開祖の一遍上人《いっぺんしょうにん》が定めた「時《じ》衆《しゅう》制誡《せいかい》」というものがあります（※「時衆」は時宗の旧称）。それは十八条からなるもので、信徒である時衆に対して、制誡というよりも「かくあるべし」という心構えや教導の目標を説いたものです。

「仏法僧《ぶっぽうそう》を念ぜよ」「平等の心を起こせ」「慈悲の心を発《おこ》せ」というように、仏教徒であれば基本として守らなければならないものも多数含まれておりますので、ここでは、いかにも一遍上人らしさが現われた時宗独特の条項を紹介させて頂きます。

第一「専《もっぱ》ら神明《しんめい》の威《い》を仰《あお》ぎて、本地《ほんじ》の徳を軽《かろ》んずなかれ」。第三「専ら称名《しょうみょう》の行《ぎょう》を修して、余《よ》の雑行《ぞうぎょう》を勤《つと》むることなかれ」。第四「専ら所《しょ》愛《あい》の法を信じて、他人の法を破ることなかれ」。第八「専ら卑下《ひげ》の観《かん》に住して、驕慢《きょうまん》の心を発すなかれ」。第十一「専ら自身の過《とが》を制して、他人の非を謗《そし》ることなかれ」。第十五「専ら往《おう》生想《じょうそう》に住して、称名の行を怠《おこた》ることなかれ」。

第十八「専ら知識の教へを守り、恣《ほしいまま》に我意《がい》に任ずることなかれ」。

こうして抜き出してみると、天賦《てんぷ》の霊的感受性に恵まれ、また元々、大神社とも縁が深かった一遍上人の神仏に対する強い感応《かんのう》や畏怖《いふ》の念がよく判ります。そして、時衆としての本分は、あくまでもお念仏ですよ、と繰り返しながらも、他宗の法を攻撃してはならない、自分ばかりが賢いと思い上がることほど愚かしいことはない、と増上慢《ぞうじょうまん》を諫《いさ》める謙譲《けんじょう》や寛容の心構えが伝わって来ます。

ここで意外に思われるのは、第十八条で「指導者の教えを守り、自分勝手に判断しないこと」という文言が出て来ることですが、弟子を持たない主義の一遍上人（※一遍上人は、自らを師、付き従う時衆を弟子、とは考えませんでした）ではあっても、尼僧までも引き連れた旅の集団の先達《せんだつ》として、教導に加えて危機管理の責任までも担《にな》っていたゆえに定められた条項だったような気もします。

さて、以上のことを踏まえて、現代版時衆ともいうべきわれわれの生き方を考えてみますと、まずは「称名《しょうみょう》（お念仏を唱えること）」。これだけは、いかなる時代になろうとも欠かせません。基本中の基本です。

時宗のお念仏は、「南無阿弥陀仏《なむあみだぶつ》と申すほか、さらに用心《ようじん》もなく、またこのほかに示すべき安《あん》心《じん》もなし」と一遍上人の言葉にありますから、何の準備がなくても、おのが心のさまを探らずとも、阿弥陀さまにすべてを預けて、ただただ愚直《ぐちょく》に「南無阿弥陀仏」と声高らかにお唱えすべきものです。

称名のことは、後でまた触れますが、上の「制誡」から読み取れるメッセージとしては、さらに「神仏を尊ぶこと」。この世ならぬものへの畏怖、というのでしょうか、言い換えれば、われわれ人間たちばかりが賢いと思うな、人智を超えた世界にこそ、輝かしい真実があることに気づけ、という風にも解釈できましょう。

また、増上慢を戒《いまし》めつつ、他宗との争いも禁じています。一遍上人自身、「修行とは、出直しの連続である」とばかりに、禅僧と交流して教えを受けたり、法華《ほっけ》の伝説的な行者への傾倒を表明したりと、浄土系以外の僧侶や聖《ひじり》、修験《しゅげん》者《じゃ》、行者とも交わり、学ぶことにまったく垣根《かきね》を設けていない人でした。これは、とかくセクト主義に陥《おちい》りがちな今日のわれわれも大いに見習うべき点ではないでしょうか。

以上、大きくまとめますと、現代の「時衆」が祖師の遺志を継いで心がけるべきことは、まずは、どんな時でも、お念仏。さらに、神仏、この世ならぬ世界に素直に頭《こうべ》をたれること。そして、おのれの宗派を大事にしながらも、排他主義にならない。セクト主義の撤廃。そういったことだと思います。

お念仏について、一遍上人はこんなことも言っています。

「かように打ちあげ打ちあげとなふれば、仏もなく我《われ》もなく、ましてこの内《うち》に兎《と》角《かく》の道理もなし。善悪の境界《きょうがい》、皆浄土なり。外に求むべからず、厭《いと》ふべからず。よろづ生きとし生けるもの、山河草木《さんがそうもく》、ふく風たつ浪《なみ》の音までも、念仏ならずといふことなし」

〈意訳〉声高らかにお念仏を唱えて、その六字の名号《みょうごう》＝南無阿弥陀仏に身をゆだね、没入してしまえば、もはや自分がどうだ、仏はいかに、と考えをめぐらすこともない。小賢《こざか》しいリクツなど意味がない。われわれが善だ、悪だと思っているものも、みな浄土なのだ。まさに今、ここが浄土である。外に求めるな。この世界をいやがるな。すべての生命、共に生かされしものは、山も河も草木も、吹いている風や打ち寄せる波の音まで、南無阿弥陀仏という生命の輝き、浄土の顕《あら》われである）

草や木は言うまでもなく、吹いている風や波の音までもがお念仏だ、というのですから、これはもう、壮大な生命の讃歌です。

「南無阿弥陀仏」と力強く唱えさえすれば、そこには迷いも悟りもない浄土がありありと体感できる。今、肉体を持ってさえいても、六字の名号に抱かれてひとつになることで、やがて還《かえ》ってゆく浄土は、すでにわが身、そして身の回りのすべてに存在していた、と実感できる。それが時宗の、一遍上人のお念仏なのです。

時代は変わり、経済が進み、科学が発達しようとも、人の心や命のはたらきは変わることがありません。同様に、一遍上人がその生涯をかけて勧進《かんじん》につとめたお念仏の功徳《くどく》も変わることがなく、色褪《いろあ》せません。

今、われわれがひと声高らかに「南無阿弥陀仏」と唱えたならば、その言霊《ことだま》は時空を超えて、中世の時衆や一遍聖と共鳴するはずなのです。南無阿弥陀仏。

●現代人へのメッセージ

わが宗門が有する「一遍聖絵《いっぺんひじりえ》」は、その美

術的価値、資料的価値から国宝に指定されています。この「聖絵」は、一種の宗教絵巻となっていて、出家してから全国を遊行《ゆぎょう》し、最後は、その旅から旅への暮らしの中で亡くなる一遍上人の人生絵巻《えまき》が様々なエピソードによって描かれ、語られています。つまり、一遍上人の生涯という「物語」を、視覚化したものなのです。

ここで私が述べたいのは、この「物語」というものが、いかに力を持ち、重要かということです。わが教団に限らず、今、健在の既存教団は、すべて固有の「物語」を持っているはずです。歴史を英語で言うとヒストリーですが、ヒストリーとは、ヒズストーリー、すなわち彼の物語、というのが語源だと聞いたことがあります。つまり、物語なくしては、記録はあっても歴史は存在しません。

なぜ、今、この話を持ち出したかというと、この「物語性」というものが、現代社会からどんどん消え失せてゆきつつあるように懸念しているからです。

たとえば、国家の物語、民族の物語、街の物語、村の物語、一族の物語、一家の物語……。物語を失って、自分は文字通り分断された一個の「個人」として存在している……。そこに安らぎはあるでしょうか。豊かさはあるでしょうか。あるのは、寂寥感《せきりょうかん》と欠落感《けつらくかん》だけのような気がします。

人は、自分も大きな大きな物語の端《はじ》っこにつながっていて、またここから先へと繋《つな》がってゆく物語の紡《つむ》ぎ手の一人なのだ、と自覚することで豊かな気持ちや誇《ほこ》りが湧《わ》き上がって来たり、しっかり何者かに受け止められている、という安心感に包まれるのではないでしょうか。

今や毎日、百人もの人が自ら命を絶ち、ウツ病や自律神経失調症など心身のバランスを崩す人が引きもきらず、増えつづけている時代です。

大きな原因としては、経済的な困窮《こんきゅう》が考えられます。ですが、日本が戦争に敗れ、経済的にはゼロ、あるいはマイナスから再スタートをきった時でさえ、今日のような形で心を病み、自殺してゆく人は多くなかったはずなのです。

物語を失った国民、民族、あるいは個人は、その欠落感を埋めるために、きわめて即物《そくぶつ》的なツール、すなわち、おカネやモノに頼らざるを得ません。ですが、それは、出血を止めないで行なっている輸血治療のようなもので、その輸血が滞《とどこお》り、完全に止まってしまえば、待っているのは、壊死《えし》や失血死《しっけつし》です。

経済の復興は、もちろん大事です。しかし、経済の盛り上がりをただ漫然《まんぜん》と待っていても何も始まりません。

こんな時代だからこそ、われわれ仏教徒は、われわれが今、生かされているこの命は、何十代、何百代と命のバトンを受け継いできたものであり、そしてそのバトンがつながってゆく歴史の中には壮大なドラマがあり、物語があり、また渡してゆくべき子孫があり、また亡くなってゆく者も、この世だけがすべてではない、われわれ自身が今、この時代という舞台を生きてゆく物語の登場人物であり、語り手なのだと、熱く訴えてゆきたいのです。

仏教徒であることに目覚めることは、自らが、荘厳《そうごん》かつ広大無辺な物語の担《にな》い手なのだ、と気づくことなのですから。

第三章

各宗派への疑問に答える

まえおき

この章では、法相宗《ほっそうしゅう》・華厳宗《けごんしゅう》・律宗《りっしゅう》などからなる〝奈良仏教各宗〟および天台宗《てんだいしゅう》・真言宗《しんごんしゅう》・浄土宗《じょうどしゅう》・浄土真宗《じょうどしんしゅう》・臨済宗《りんざいしゅう》・曹洞宗《そうとうしゅう》・日蓮宗《にちれんしゅう》のそれぞれに対して抱く、さまざまな「素朴な疑問」に、やさしく回答します。

1 奈《な》良《ら》仏《ぶっ》教《きょう》各《かく》宗《しゅう》への疑問

村上《むらかみ》 太胤《たいいん》

Q 新時代に向けて目指すものとは？

東大寺や法隆寺、興福寺、薬師寺という奈良仏教の寺院は、本来鎮護国家を祈る天皇の勅願寺であり、七堂伽藍を構えていました。修正会《しゅしょうえ》や修二会《しゅにえ》などの儀式や法会が、千二百年以上途切れることなく続けられ、現在まで法燈を守っています。

東大寺のお水取りや、薬師寺の花会式《はなえしき》などの代表的な法会に参拝されると、その厳粛な雰囲気や、荘厳なお堂やお経に魅了される方が多くおられます。一寺院の法会というだけでなく、千年以上続く伝統行事ですので、是非一度は参拝して、日本人としての心や感性を育てていただきたいと思っています。

「仏像ブーム」という言葉まであるように、仏像の展覧会には数多くの人々が参加します。暗いお堂の中ではなく、工夫された照明の下での仏像は、美術的な芸術品ともいえます。

美術館や博物館での出会いをきっかけとして、本来お祀りされているお堂へ拝観に来られる方が増えていることは、仏像の持つ力であり、魅力なのだと思います。

奈良・東大寺大仏殿

奈良には多くの修学旅行生がやって来ます。また、平成二十二年（二〇一〇年）の「平城遷都千三百年」には、多くの社寺や平城宮跡で、コンサートやイベントが開催され、仏教に縁のなかった若者達が奈良に興味を持ち、足を運んでくれました。奈良の各社寺でのコンサートでは、その静謐《せいひつ》で荘厳な雰囲気のせいか、アーティストの心構えも随分違っていて、その真摯な姿勢は参加者にも伝わったようです。薬師寺で行われた話題の「ＡＫＢ48」の中には、般若心経をあげたり、『古事記』や仏像の話をするメンバーがいるなど、普段のコンサートとは違った一面を見ることができました。

平成二十二年、奈良の社寺では、早朝の参拝に参加する人を募集しましたが、各社寺とも随分多くの参加者がありました。教団とか教義を云々《うんぬん》する前に、まず寺院が門戸を開放することが大事だと思います。僧侶のやるべきことは増えていくばかりで、寺院の護持運営に精一杯ということになりがちですが、寺に興味を持ち、僧侶をサポートしてくれる人の層を広げる努力が必要なのではないでしょうか。

多くの国宝・重要文化財の修復に心を砕き、理解や協力をしてくれる人をどう確保すべきか、日頃の布教伝道の中で心がける必要があると思います。

日本人の心のふるさとである奈良を訪れる人々に、伝統行事に参加（ご奉仕・お手伝い）してもらう機会を積極的に作るなど、より一層仏教に関心を持ってもらえる取り組みを考え、少しでも「人生に役立つ仏教」との縁づくりを深めていきたいと思います。

Q 奈良仏教の宗派には、どんな違いがあるか？

古い奈良の寺院は本来、宗派を超えて八宗を学ぶ「八宗兼学《はっしゅうけんがく》道場」という立場でしたので、今考えているような宗派というより、大学の学部のような宗派、学科としての立場が主でありました。

古来より、南都《なんと》六宗（三論《さんろん》・成実《じょうじつ》・倶舎《くしゃ》・華《け》厳《ごん》・法相《ほっそう》・律《りつ》）といわれた宗派の中で、現在も残っている宗派は、東大寺の華厳宗、唐招提寺の律宗、薬師寺・興福寺の法相宗です。これ以外にも聖徳太子の教えを所依《しょえ》とする法隆寺の聖徳宗や、西大寺の真言律宗などがあります。

【三論宗《さんろんしゅう》、成実宗《じょうじつしゅう》、倶舎宗《くしゃしゅう》】

日本に最初に入ってきた宗派は「三論宗」です。何ものにもとらわれない空の境地を現すために「破邪即顕正《はじゃそくけんしょう》」という立場に立ち、すべてを徹底的に否定しつくすことがつまり正を顕《あら》わすことになるとしています。空を知らず執着にとらわれている相手の物の見方や、考え方の誤りを正そうとすることに主眼が置かれています。

この三論宗の付属の宗派とされたのが『成実論』に基づく「成実宗」です。

「倶舎宗」は仏教の基礎学とされる『倶舎論』を研究する宗派で、「法相宗」の付属の宗派とされました。

【法相宗《ほっそうしゅう》】

「三論宗」は、インド仏教の二大思潮の一つである中観《ちゅうがん》系の論書が中心であり、「法相宗」はもう一つの瑜伽行唯識《ゆがぎょうゆいしき》派《は》の流れを汲むものです。中国において玄奘三蔵《げんじょうさんぞう》の訳した『成唯《じょう》識論』を根本聖典としています。

法相とは、存在やあり方の世界（相）と、こころのはたらきの世界（性《しょう》）を分析すること（分別決択《ふんべつけっちゃく》）を狙いとしますが、特に現実の相（現象）の世界にも重点を置いているので、法相宗と呼ばれます。『成唯識論』を所依とし、「万《ばん》法不離識《ぼうふりしき》」といって、一切の諸法は心の本体である「識」の働きによって造り出されており、外界はすべて識の写し出した表象の世界であると説いています。

【華厳宗《けごんしゅう》】

唐の賢首大師法蔵《げんじゅだいしほうぞう》が『華厳経』に基づき組織化大成した宗派です。釈尊一代の教えを五教十宗に分け、『華厳経』を最勝の教えとし、「法界《ほっかい》縁起《えんぎ》」「事々無礙《じじむげ》」の宇宙論を説いています。相対立する一切のものが相対立し合っているそのままの姿において、相互に関連し合って融通《ゆうづう》無碍《むげ》の一大生命体を形成しているという法界観は、現在の地球上の一切の生物・無生物の生態学や環境学の視点から考えても重要なことで、将来のエコロジーを考える人道的・人類学的立場に立っている教えといえます。

【律宗《りっしゅう》】

戒律とは仏教徒の守るべき生活規範です。中国で「南山律《なんざんりつ》」という『四分律《しぶんりつ》』を大乗的に解釈した教えを日本に伝えたのが鑑真《がんじん》和上であります。

正式な僧侶になるには、三人の戒律に精通した戒師と七人の立会人という「三師七証《さんししちしょう》」の前で行う授戒作法が必要でしたが、奈良時代の日本には戒師の資格がある僧侶がおられませんでした。

中国において律宗の大家であった鑑真は、入唐僧の栄叡《ようえい》と普照《ふしょう》の要請に応《こた》えて来日を決意し、十二年の年月をかけ、難破による失明を乗り越え、六度目の渡航に成功して来日しました。東大寺に戒壇院がつくられたのに続き、九州大宰府の観世音寺と下野《しもつけ》の薬師寺にも戒壇が築かれ、この三戒壇のいずれかで受戒の儀式が行われるようになりました。

Q 奈良と京都のお寺の違いは？

奈良は古い歴史を持ち、邪馬台国《やまたいこく》とも考えられる纏向遺跡《まきむくいせき》も出土しています。そういった宮跡には必ず祭祀場があり、その古代の祭り事が現代まで続いている一端を窺《うかが》い知ることができます。

大和三山や飛鳥を中心とした地域には、宮跡

行基菩薩

と共に寺院跡もあり、古代に仏教寺院が栄えていたことが判ります。

天皇家中心の鎮護国家を願う大寺が建立され、中国の都城制に基づいた区割りの中で、七堂伽藍の大寺が競って建立されることにより、平城京は仏教都市としての色彩を濃くしていったのです。

聖武天皇や光明皇后は、東大寺や法華寺という総国分寺や総国分尼寺を建立し、仏の慈悲が日本中に広まることを願われました。

仏教はまだまだ天皇や一部貴族を中心として広まっている状態でしたが、行《ぎょう》基《き》菩薩のように積極的に庶民の中に入り、教化に励んだ方もおられました。

奈良時代は、中国や朝鮮から次々と伝わってくる仏教の教義を積極的に取り入れ、研究・研鑽していった時代でした。大寺院では中国仏教を全面的に受け入れ学んでいた状態で、教学を研究する学問仏教だったといえます。ただ、教義と共に伝わった仏像は、積極的に国造りに取り組んでいた奈良時代を反映し、力強く美しい仏像が多く制作されました。国宝・重要文化財の著名な仏像が数多く残されているのも、奈良の寺院の特徴です。

都が京都に移り平安時代に入ると、国力も安定してきて日本独自の文化が発達してくるにつれ、寺院様式や仏像・経典も優美で華麗なものになっていきました。浄土庭園や石庭など、京都の寺院庭園には多くの人々が訪れています。

　また、京都には各宗派の大本山があり、さらに系列の大学などもあり、仏教教団として多様な活動がなされています。

Q　聖徳太子《しょうとくたいし》はなぜ仏教を大切にしたのか？

　『日本書紀』によると、推古元年（五九三）聖徳太子は推古天皇より摂政《せっしょう》皇太子として政治を委《ゆだ》ねられ、冠位十二階の制定・十七条憲法の制定・遣隋使《けんずいし》の派遣・三経義疏《さんぎょうぎしょ》の作成等政治面、文化面において数々の業績を残されました。

　当時、隋の統一による戦乱もあり、中国・朝鮮半島も緊張状態にありました。また、国内においては蘇我氏がすべての実権を握っていました。法興寺建立など「仏法興隆」も独占していたといえます。太子は「仏法興隆」の主導権を蘇我氏から大王家に移すため、十七条憲法により「篤敬三宝《とっけいさんぼう》」（篤く三宝を敬え）を打ち出し、中央や地方の豪族の寺院建立を積極的に支援されました。全国に寺院を建立することが僧尼の育成になり、人々に仏の教えという精神的支柱を与えることになったのです。当時の仏教は、一宗教というより、学問や美術、工芸、建築などあらゆる面で東アジアの先進文化を受け入れる一助になったのです。

　太子は推古天皇のために女性の仏教理解を説く『勝鬘経《しょうまんぎょう》』を、そして日本仏教の柱となる

聖徳太子

一乗平等思想の『法華経』の講説をされました。御自身の仏教徒としての生き方のためには、空の教えを説く『維摩経《ゆいまきょう》』を拠り所にされました。

Q 奈良仏教は、なぜ檀家《だんか》やお墓を持たないのか？

お寺で人の死に立ち会うようになったのは、概《おおむ》ね江戸時代以降からで、それは幕藩体制に基づく国の統治制度の一環として発生した寺請《てらうけ》制度に基づいたものでありました。

年貢や徴税の基本となる人々の戸籍は、当時地域ごとにお寺が管理していました。それは人の生死を管理することにほかなりませんから、お墓や葬儀を請け負うような文化も同時に熟成されました。また僧侶の人の死を思いやる気持ちや人の悲しみや辛さを癒そうとする真心が通じ、次第に人々の信仰を集め、日本では「お寺」＝「お墓」、「僧侶」＝「葬式」との図式が出来てしまったのでしょう。

しかし、それまでのお寺は奈良時代の仏教伝来以降、全て学問所として僧侶を今で言う国家公務員、或いは学僧（それが後に学生となる）の立場で育成していく場所であったはずです。決して葬儀やお墓に直接結びつくものではありませんでした。ですから伝統的にそれを守ってきた奈良仏教の寺院では、檀家や墓地を持つことはなかったのです。

僧侶たるものはそういう歴史的見地も忘れずに、学を磨き、信心を深めねばならないと思います。

Q 奈良仏教のお寺は奈良にしかない？

お寺は全国に一説には七万とも八万箇所とも言われており、その数は比べるのもおかしな話ですが、コンビニよりも多いといわれています。寺院が身近で便利なコンビニを上回る数で存在する理由は先にあげた寺請制度にあるかもしれません。民衆の中に溶け込むように寺院を存在させていくことで人身の掌握を行うこの制度が時代の流れでどれほど有効に利《き》いたかは、人口の密集度に比例して寺院数が増えている事からも想像できます。

ちなみに寺院の数が最も多い都道府県は愛知県（文化庁発行の『宗教年鑑』）です。決して奈良や京都だけが特段多いわけではなく、寧《むし》ろ寺院の規模が大きい分、数は減るのかもしれません。

奈良に本山を置く奈良仏教の寺院は、歴史的な変遷もあり、末寺は少なくなっていますが、それぞれ現代社会に対応した展開を心がけています。たとえば、薬師寺・東京別院では定例法話会のほか、毎日お写経を行うことができます。

Q 鑑真《がんじん》はなぜあんなに苦労してまで来日したのか？

戦前まではあまり知られていなかった鑑真和上がここまで有名になったのは、井上靖さんの『天平《てんぴょう》の甍《いらか》』による所が大きいようです。

六八八年揚州《ようしゅう》に生まれ、日本からの留学僧《るがくそう》栄叡・普照の二人の熱意ある招請に応えて、戒律の教えを伝えるために東シナ海を五回も越え、ようやく六度目にして渡航を志されてから足掛け十一年、齢《よわい》六十六歳にして日本に到着されました。その際失明までされ、奈良の風景を目に焼き付けることなく、最後は奈良唐招提寺にその御廟《ごびょう》がお祀りされています。視力を失うまで重ねた苦労の裏には、遠き和の国に伝えられた仏法に帰依された聖徳太子や長屋王の「山川異域《さんせんいいき》　風月同天《ふうげつどうてん》」（山や川は所在が違っても、風や月は同じ天にある）の心に動かされたと言われています。

当時の唐では、道教も隆盛を誇るなか、辺境と思われた日本に仏法を伝えていく意義を強く感じられて渡航を決意されたのかもしれません。また一面には、ほぼ同時代に活躍された、玄奘三蔵法師のインドへ赴かれた姿がよぎったのかも知れません。我々の想像をはるかに超えるその偉業を、東山魁夷画伯が襖絵《ふすまえ》として描かれ、唐招提寺に納められています。

Q なぜ奈良の大仏は造られたか？

聖武天皇の手によって築かれる大仏様が開眼された時代は、日本の国家の基礎が形作られた時代です。天皇を中心とした皇親政治体制から、中央集権国家への道を歩む途上にあった頃です。

国家の骨組みの律令体制とは何たるかと模索しつつも、当時隆盛を極めた中国・唐の脅威も感じた国づくりの時代でもあったのです。

東大寺大仏（盧舎那仏）

その中で聖武天皇という方は、インドからもたらされた仏教というものを国家仏教と据えられました。血族関係や一部の特権階級であるということだけで国の行く末を決める人智の時代から、神仏智へ立ち戻った政《まつりごと》への脱却でもありました。そのために諸国に寺を築き国分寺・国分尼寺を創設し、一切経の書写を命じ、それが「大仏建立の詔《みことのり》」へと繋がったのです。

神頼み・仏頼みするのではなく、自分の非力と徳のなさを詫び、大きな盧舎那仏《るしゃなぶつ》の法力を仰ぐ詔の銘文は、ただひたすらに「国家安穏・万民豊楽・五穀豊穣・天下泰平」を願われるエゴを捨てた為政者仏弟子としての姿でありました。

②天台宗《てんだいしゅう》への疑問

杉谷《すぎたに》 義純《ぎじゅん》

Q 新時代に向けて目指すものとは？

伝教大師最澄《でんぎょうだいしさいちょう》（七六五～八二二）が出家した頃は、しばしば飢饉や政争が起こり、律令《りつりょう》国家にほころびが目立ってきました。そして時代は奈良から平安に変わろうとする不安定な時期を迎えていました。

そこで伝教大師は、奈良仏教から独立した新仏教を比叡山に興《おこ》し、大乗菩薩僧を養成して、彼らの働きによって国が平安に鎮まることをめざしました。そのために人材養成のビジョンを示した「山家学生式《さんげがくしょうしき》」を著し、桓武《かんむ》天皇に上奏したのです。その中に、

「国宝とは何物ぞ、宝とは道心なり。道心ある人を名づけて国宝となす」

という有名な文句があります。さらに、宝石が宝なのではなく、一隅《いちぐう》を照らす人こそ国の宝である、という主旨の言葉が続きます。一隅を照らす人、すなわち「己を忘れて他を利する」慈悲心の持主である大乗菩薩僧の養成を誓ったのです。

さて伝教大師の目指したものは、今日でも時代を拓く理念として生きています。

伝教大師が新仏教を興すに当って、朝廷に公認を願い出た上奏文の中で、

「一目の羅《ら》鳥を得るにあたわず、一両《りょう》の宗、何《いづくん》ぞ普《あまね》くを汲《く》むに足らん」（天台宗法華年分縁起）

と述べています。網の目がひとつしかないカスミ網では鳥が獲れないと同様、一宗派だけではすべての人は救えない。だから奈良仏教に加えて新たに天台宗を公認してもらいたい、というのです。この考え方は現代の地球市民という視点に立てば、キリスト教、イスラム教、ユダヤ教と共に仏教も手を携えて平和のために尽すべきである、ということになります。

そこで比叡山開創千二百年（一九八七年）を記念して、世界の宗教指導者が比叡山に集い宗教サミットが開かれました。以来宗教間の対話と協力は今日まで続けられています。

さらに伝教大師の国宝的人材を養成するという信念は、現在天台宗が推進している「一隅を照らす運動」として脈々と生きています。無縁社会という言葉が生まれ、他人を顧みず自己中心的になってしまった現代人に対し、他人との関わり合いを大切にする運動です。「己を忘れて他を利する」精神をもって、家庭・地域そして社会などで、自分の能力に応じて精一杯自分らしい役割を果すことを奨《すす》めています。

仏の目からみれば無縁社会などありませんが、凡夫から見ての有縁社会の再生を期すものであります。

Q 最澄は、なぜ比叡山延暦寺《ひえいざんえんりゃくじ》をつくったのか？

京都市の中央部から東の方を眺めると山々が連なっています。東山連峰です。その一番北側にひときわ聳え立っているのが比叡山で、標高が八百四十メートルほどです。この山は伝教大師が入山する前から大山咋神《おおやまくいのかみ》が鎮座する霊山であったことが知られ、貴族や文人が登って詠んだ詩や旧跡が残されてもいました。そこで地域の豪族であった三津首百枝《みつのおびとももえ》は、霊峰比叡の社《やしろ》に七日間の予定でお籠《こも》りをし、子供が授かるよう祈願しました。その結果数日後神の感応があり、妻が身籠ったことを知ったのです。そして生まれたのが伝教大師でありました。

伝教大師が栄達を見込まれた官僧を辞して、山に籠って修行するいわゆる山修山学をめざしたのは、社会の要請に応えられる僧侶になることでした。その手本となったのが道璿《どうせん》でした。七三六年来日し律などを伝えましたが、晩年吉野の比蘇山寺《ひそさんじ》に籠り礼拝懺悔《さんげ》の行に励み、願文を作成しています。一方、伝教大師が学んだ天台仏教の修行の指南書には、人里離れた静かな場所で修行すべきこと（閑居静処《けんごじょうしょ》）が示されてもいました。

さて伝教大師は山林修行に当ってその道場として、自分の誕生に縁《ゆかり》のあった比叡山を選びました。それは父親が七日間の約束で籠ったものの、四日目で下山してしまったので、その不足分を補うためでもありました。

やがて比叡山は天台宗の山修山学の道場として発展していきます。さらに京都に都が移されると御所の鬼門に位置することとなります。朝廷より元号である延暦の寺号を賜り、鬼門塞ぎの祈祷道場としても発展していきました。そのうえ日本仏教を担《にな》う祖師達が輩出されていきますが、比叡山を選んだ伝教大師の先見性に驚かされます。

Q なぜ比叡山は織田信長に焼かれたのか？

元亀元年（一五七一）信長から延暦寺に対し、次のような通告がありました。

「味方するなら接収した所領を返す。それが無理なら中立を守れ。もし敵側（浅井・朝倉）につくなら焼き払う」

この申し入れを延暦寺は一切無視したため焼かれてしまったのです。

信長に所領を奪われた延暦寺は、浅井・朝倉軍に味方、比叡山鉢ヶ峰に陣を置くことを許可しました。そのため信長が苦戦して弟を見殺しにせざるを得ず、屈辱的な和睦《わぼく》をしたのです。しかし和睦の結果、浅井・朝倉軍が比叡山を下りた隙をねらって信長は延暦寺攻撃の火を放ったのです。

信長の比叡山焼き討ちは「信長公記」「言継《ときつぐ》卿記《きょうき》」などに、根本中堂《こんぽんちゅうどう》以下全山が焼かれ、三、四千人の僧俗男女が殺された、とあります。そして多くの女人が山上にいたという記述が、比叡山堕落の象徴のように扱われてきました。しかし真相は少し異なるようです。近年の発掘調査によると根本中堂は焼失しておらず、信長軍が焼いたのは、山麓の坂本や鉢ヶ峰付近の山王本宮辺りではないかと考えられています。「言継卿記」などは京都に伝わったうわさをもとに書いたのではないかと、現在はいわれています。

さて焼き打ち後、信長は延暦寺に一切介入していないところから、その目的は宗教弾圧ではありません。宗教的権威が本来の使命を疎《おろそ》かにして、武力を用いて世俗の権力である武家に対抗しようとしたことを信長は許せなかったのです。

Q 千日回峰行《かいほうぎょう》や十二年籠山行《ろうざんぎょう》のような厳しい修行をするわけは？

千日回峰行とは、平安時代から比叡山に伝わっている一千日に及んで峰々を歩く厳しい修行で、行中に歩く距離は地球一周、約四万キロに及びます。回峰行の創始者は慈覚大師円仁《えんにん》の弟子相応《そうおう》和尚（八三一～九一八）で、根本中堂の本尊・薬師如来の夢告によって始めたといわれています。そのお告げは、

「比叡山の峰々を巡拝し、法華経に説く常不軽《じょうふぎょう》菩薩の行を体現し、満行の暁には不動明王を本尊として拝み、その呪文によって悪鬼悪霊を退治せよ」

というものでした。常不軽菩薩の行とは、徹底的に生きとし生けるものの中にある仏性を拝み切る修行であります。それゆえ比叡山中の堂宇《どうう》、祠《ほこら》三百数ヶ所を拝みながら通常は一日三十キロ歩き、多い年は八十四キロに及びます。また行を成し遂げた者は大行満といわれ、人々の幸福と世の中の平安を祈り続けることになっています。まさしく伝教大師がめざしたことです。

十二年籠山行は、伝教大師が大乗菩薩僧の養成を朝廷に願い出た「山家学生式」に定められ

た修行法です。大師はその著「顕戒論《けんかいろん》」の中で「菩薩の第一義の六波羅蜜の修行は、山林中に在ってこそ円満成就するものなり」と述べています。この行は天台大師が法華経《ほけきょう》の実践修行について説いた「摩訶止観《まかしかん》」を指南とし、伝教大師自らの体験をもとに、籠山期間を十二年と定めています。その伝統は今日まで守られ、この行を修する者を待真《じしん》僧といいます。生身の伝教大師に仕えるのと同じようにして、修行を続けるからです。

Q 天台宗は密教を行うのに、なぜ「朝題目《あさだいもく》・夕念仏《ゆうねんぶつ》」というのか？

「朝題目、夕念仏」とは、けっして朝に日蓮聖人が主唱した「南無妙法蓮華経《なむみょうほうれんげきょう》」の題目を唱え、夕に法然上人が主唱した口称《くしょう》の念仏「南無阿弥陀仏《なむあみだぶつ》」を唱えることをいうのではありません。総合的仏教天台宗独自の修行法のことです。

中国の天台大師智顗《ちぎ》（五三八～五九七）は、法華経の実践法門として四種三昧《ししゅざんまい》といって四通りの瞑想に入る修行法を定めました。伝教大師はその中から、法華三昧と常行三昧《じょうぎょうざんまい》を選び、国から得度を許可された修行僧である年分度者《ねんぶんどしゃ》の義務としました。やがて法華三昧と常行三昧をもとに円仁《えんにん》が中国から伝えた声明《しょうみょう》を取り入れた新しい法要儀式が整備されました。法華三昧は法華経の安楽行品《あんらくぎょうほん》を中心に、常行三昧は阿弥陀経を中心に組み立てられています。そして山上には法華堂と常行堂が建てられ盛んにその法要が修されました。ここから「朝題目、夕念仏」という言葉が生まれたのです。特に常行三味で唱える引声《いんぜい》念仏はその音楽性が山の念仏として貴族の間に評判となり、「三宝《さんぼう》絵《え》詞《ことば》」にも登場します。そして浄土教発展のもととなります。もとより日本天台の教学はすべての人が仏になれるという一乗仏教を基本とし、法華円教・密教・禅法・戒法の四宗、さらに浄土教を融合した総合仏教ですから、密教と念仏が矛盾することはありません。

Q 本尊がいろいろあるのはなぜ？

天台宗の本尊は理念的には統一されており、その名を「久遠実成《くおんじつじょう》無作《むさ》の本仏《ほんぶつ》」といいます。すなわち永遠の過去から宇宙の真理を説き続けている仏という意味です。本仏とは宇宙の真理そのものといってもいいでしょう。ところが私達凡夫《ぼんぷ》は、そのお説教に気がつきませんでした。そこで本仏が私達に真理を知らせるために、今から約二千五百年前に釈尊という人間の姿になって、この世に仮に現われたのです。このことは法華経の第十六章、如来寿量品《にょらいじゅりょうほん》に説かれています。さらに釈尊は相手のレベルに合わせて沢山の教えを説きました。

そのお説法の中にそれぞれ仏が登場しますが、それらは本仏が人々の機根や願いに応じて姿を変えて現われたものです。本尊像は釈迦如来、薬師如来、阿弥陀如来、大日如来などの如来像、観世音菩薩、地蔵菩薩などの菩薩像、さらには不動明王、弁財天などいろいろありますが、それらを拝むことによって、それぞれの仏の利益や教化をいただきますが、それはまさしく本仏からいただいたものに他なりません。そこで寺院が建立された理由（縁起）によって、それぞれ本尊が祀られていったのです。

Q なぜ数ある経典の中で法華経《ほけきょう》を最高とするのか？

法華経が、すべての仏教思想をまとめる内容をもっているからです。釈尊は一生涯に対機説法《たいきせっぽう》といって相手の機根（レベル）に合わせて沢山の説法をしました。それを例えて八万四千の法門といわれているぐらいです。そして入滅後は弟子達によってそれらの説法が経典としてまとめられていきます。それらはやがて仏教思想の発展にともない、小乗、大乗など膨大な量の経典となり、中国へ伝えられていきました。しかしその順番は経典の成立した場所や年代に関係なく、バラバラに漢訳されました。したがってそれらを受け入れる側で混乱を生じたのです。

そこで中国の小釈迦といわれた天台大師智顗は、中国に伝えられた経典の中身を検討精査して釈尊の視点に立ってそれぞれの経典の位置づけをし、仏教思想をまとめなおしました。この作業を教相判釈《きょうそうはんじゃく》といいます。その結果法華経こそが、他の経典にない特徴をもっているため、その位置づけをする尺度であり、また中心

天台大師智顗

となる仏教哲理が説かれていることをつきとめたのです。その結果天台教学を完成させることができました。

さてその特徴を天台大師は「三種の教相」といっており、要約すると次の通りです。

①他の経典の教化によって、不揃いであった人々のレベルが上がって、法華経を説いても理解できる状況になってから説かれた経典である。

②他の経典は、相手の状況にだけ対応して説かれた教えであるが、法華経はそれを説く本来の意図（仏の本懐）について明らかにしている経典である。

③法華経は単に釈尊が現世においてだけ説いたものでなく、すでに永遠の過去に成仏した本仏として説き続けており、それを聞く弟子も現世だけの師弟の関係でないことを明らかにしている。すなわち宗教のもつ永遠性について説いている経典である。

この天台大師の見解によって、法華経は「諸経の王」といわれています。

Q 同じく法華経を重要視する日蓮《にちれん》宗《しゅう》との違いは？

法華経は全体が二十八章で構成されていますが、天台大師は前半の十四章を迹門《しゃくもん》、後半の十四章を本門《ほんもん》と名づけました。迹門とは、釈尊が永遠不滅の本地からこの世に垂迹《すいじゃく》（仮の姿になってこの世に現れること）して衆生救済に当たることが書かれているのでその名があります。また本門とは、永遠不滅の釈尊の本地そのものについているのでその名があります。

天台宗では法華経を中心とし、すべての経典が法華経の教えを理解するための手立て（方便）であるとします。そして迹門、本門に同等の価値をおいて大切にします。

日蓮宗では法華経のみを重視しますが、それも本門を最も大切にします。釈尊入滅後二千年を経て末法に入った以上、その時代に生きる人々を救うのは、本門に説かれる永遠不滅の釈尊の教えしかないとするからです。

Q 天台宗の密教と真言宗《しんごんしゅう》の密教は同じか？

一般に天台宗の密教を台密《たいみつ》、真言宗の密教を京都の東寺を中心に発展したところから東密《とうみつ》といっています。またその内容から台密を三部の密教、東密を両部の密教といって区別しています。

弘法大師空海は唐に渡り、長安で青龍寺の恵《けい》果《か》（七四六〜八〇五）から胎蔵《たいぞう》部と金剛《こんごう》部の密教を学びました。元来金胎両部はインドで別系統の密教として発展してきましたが、空海はこれを車の両輪のごとく捉えて統一した両部密教の哲学を確立しました。さらに「十住心論《じゅうじゅうしんろん》」を著し宗教意識を十段階に分類、最上を密教、九番目を華厳、八番目を天台とし、密教が顕教より勝れているとする教判論を展開しました。本尊も大日如来とし、その他の仏は、大日如来の働きによって姿を現わしたものとしています。

一方伝教大師最澄は、正統な天台教学の後継者として公認を受けるために入唐しましたが、帰国直前になって密教の伝法を受ける機会に恵

慈覚大師円仁

まれました。しかしその哲理まで十分に学ぶ時間がなく帰国したのでした。そこで伝教大師の高弟円仁《えんにん》が入唐、長安で恵果の弟子法全《はっせん》らに密教を学び、さらに顕教と密教に優劣がないとの確信を得て帰国しました。すなわち密教の視点から見れば法華経は理念として説かれた密教（教相）であり、大日経などの密教経典は、修法を中心とした密教（事相）であり、それぞれ完全無欠な悟りを説くもので一致しているとしています。

　円仁が入唐した頃の長安では密教がさらに発展を遂げ、胎蔵部や金剛部の他に空海入唐時にあまり注目されていなかった別系統の蘇悉地《そしつじ》の研究が盛んに行われていました。蘇悉地とは妙成就と訳され、この経典には密教修法の基本的作法である十八道が説明されています。これらの最新の密教を学んだ円仁は、蘇悉地部の哲理を用いて胎蔵、金剛部の密教を融合して、三部の密教を完成させました。さらに円珍、安然らによって思想的に一層の充実がはかられたのです。やがて台密は、顕密一致の日本天台教理論の中で重要な位置を占め、本覚《ほんがく》思想の発展を促し、日本文化すなわち文学、能、茶、華などの芸道に大きな影響を与えることになりました。

3 真《しん》言《ごん》宗《しゅう》への疑問

網《あ》代《じろ》 裕《ゆう》康《こう》

Q 新時代に向けて目指すものとは？

われわれ一つの地球上に共に暮らす、人間を中心とする生命体が、知らないあいだに、気づいてみたら、その生命がまさに危機的な状況に陥《おちい》っていたというようなことにならないようにしなければなりません。

自然現象としての、火山を始めとする地震などの天変地異は避けようがありませんが、人間同士の政治的・宗教的主義主張の相違による、テロや国家間の戦争、経済優先による環境破壊がもたらす異常気象などは人々の心掛け次第で防ぐことが可能です。

このような混沌とした時代に、争いの愚かさを戒《いまし》め、人間の欲望を慎んで、慈しみと共感を大切にして、互いに助け合い、共に暮らしていこうと説く仏教の思想こそ、真に世界を救済できる宗教であると信じています。

そのために、真言宗の仏教徒であり、それを実践する僧侶であるわたしたちは、さらに精進し、世の人々に空海が発したメッセージを、もっと分かり易く、機会あるごとに丁寧に伝えて行かなければならないと切に感じています。

Q なぜ空海は高野山《こうやさん》をつくったのか？

現在では中国旅行はジェットでひとっ飛びですし、会いたい人物がいれば、出かける前に電話でアポもとることが可能です。しかし当時の空海は、まさに命懸けで中国へ求法《ぐほう》の旅に出かけたのです。

運命の神（「善神」）に守られていた空海は、師・恵果《けいか》に巡り会い、真言密教のすべてを伝授され、帰国の途についたのですが、その船上で空海は「善神」に「小願」を立てたことが、天皇の側《そば》に仕《つか》えていた布勢海《ふせのあま》宛ての手紙から知ることができます。その「小願」とは、意訳すると、もし自分が無事に帰国できたら、日本の神々の繁栄と国家の平和と人々の幸福を祈願するための密教寺院を建て、真言密教道場の本拠地としたい、という内容です。

高野山の壇上伽藍

空海はその十年後の弘仁七年（八一六）に、自分が少年時代より知っている地域で、なおかつ密教寺院を建てるのに相応《ふさわ》しい、理想的な環境と地形を有する高野山の空地を嵯峨天皇に下し賜りたい旨、願いでるのです。

Q なぜ四国《しこく》と関係が深いのか？

空海は宝亀五年（七七四）の六月十五日（？）に、四国の讃岐国《さぬきのくに》多度郡《たどのこおり》屏風浦《びょうぶがうら》、現在の香川県善通寺市の善通寺がある辺《あた》りに、父の名は佐《さ》伯田公《えきのたきみ》、母は阿刀氏《あとうじ》ということだけで、名は明らかではありませんが、三男として生まれたことが伝えられています。つまり、四国は空海の出身地ということです。

また、『三教指帰《さんごうしいき》』の序文には、二十歳《はたち》の空海が、偶然出会った一人の修行僧から伝授された『求聞持法《ぐもんじほう》』を実践した地も、「阿国大瀧《あこくたいりょう》の嶽《たけ》（現在の徳島県那賀郡《なかぐん》、西国二十一番札所の太龍寺の奥山）」や「土州室戸《としゅうむろと》の崎《さき》（現在の高知県の室戸岬の灯台付近）」であったことが記されています。

他にも空海の事績として、出身ご当地、香川県の満濃池《まんのういけ》［大宝年間（七〇一～〇四）に灌漑《かんがい》用に掘られた人工の池］が弘仁九年（八一八）に大決潰《けっかい》をした際、修築が捗《はかど》らず、その約三年後、朝廷から応援要請をうけた空海が、驚くべきことにたった三か月で修築工事を完成してしまったのです。

Q なぜ「密教（秘密）」なのか？

「秘密」といわれると、人はなぜか興味や好奇心が駆《か》り立てられ、知りたくなってしまうものです。ですから、現代の情報化社会では秘密を守るのはとても難しいことです。出版物がはんらんする中、過去に秘密とされてきたことも、秘密ではなくなっています。

さて、「秘密」と翻訳されるインド語は二つあります。一つはラハスヤで、人目につかない所に隠れているという意味で、もう一つはグヒヤで、意図的に覆《おお》い隠されているという意味です。

真言密教は後者の意味での秘密で、教えの内容や表現が誤解される危険性をはらんでいるために、教主である如来は、むやみに公開せず秘密にしておき、そのような危険性がなくなった者にだけ公開するという方法をとるのです。そのことを空海は『弁顕密二教論《べんけんみつにきょうろん》』で「如来秘密」と呼んでいます。

さらに空海は「衆生《しゅじょう》秘密」と呼ぶ秘密をいうのですが、それは秘密というよりはむしろ内容や表現が神秘的で難解のゆえに普通の人には「不可解」であるという意味です。

Q なぜ真言宗では加持祈祷《かじきとう》をするお寺が多いのか？

加持祈祷の「加持」とはインド語のアディシュターナの漢訳語で、目に見えない仏の神秘的な力が人やものに加えられ保つこと、または宿るという意味で、易しくいえば魔法のようなものです。

真言密教を実践する僧侶自身が、仏教教理の学習（智慧《ちえ》）や善行（福徳《ふくとく》）の修行によって、体得され蓄積された自らの功徳《くどく》の力に、さらに、仏に対して心から祈りを捧げて供養する修行を契機として（つまり「祈祷」によって）、仏の神秘的な力が加えられ、その両者の力が相《あい》まった世界において、まさに神秘的な現象として、願いがかなえられるということが加持祈祷の実践です。

人々の願い事はさまざまで、真言密教にはそれらに応えるための護摩法などの実践テキスト（次第《しだい》）が伝えられているので、人々の利益《りやく》を祈り加持祈祷を行うのです。

Q 護摩《ごま》を焚《た》くのはなぜ？

「護摩（「投げ入れる」という意味のインド語ホーマの漢字音写）」とは、古くから行われているバラモン教の祈祷法で、炉を設けた祭壇をつくり、その火中に供物《くもつ》を投げ入れる仕方で神々を供養します。供物は燃えて、炎と煙となり、天上界の神々の口に届き、神々はその供養に応じて、人々の願いをかなえてくれるという訳です。

真言密教でも、諸仏・諸菩薩・諸天を供養する方法として取り入れられました。現在では、特に不動尊をご本尊とした円形の炉をもちいた息災《そくさい》法（災い障《さわ》りを消し去る）の護摩が多く焚《た》か

護摩を行じる僧侶

れていますが、その願い事は、家内安全や病気平癒や入試合格などさまざまです。実はその他にも、祈祷内容に応じて、増益法《そうやく》（地位・財・福徳などが増す）、調伏法《ちょうぶく》（敵対するもの、外敵や悪魔を降参させる）、敬愛法《けいあい》（恋愛をかなえ、仲良くなる）、鉤召法《こうちょう》（地獄や餓鬼道に落ちた者をひっかけて捕《つか》まえ、救う）がありますが、ほとんど修されることはありません。

Q 曼荼羅《まんだら》は何を意味しているのか？

マンダラ（曼荼羅）のむずかしい説明は、他の学者先生の解説に譲るとして、わたしたち真言宗の僧侶にとって、マンダラとは灌頂《かんじょう》（インド語ではアビシェーカといい、元来インドにおける王の即位儀式のことで、密教に取り入れられて仏に即位する儀式となった）と呼ばれる、まさに即身成《そくしんじょう》仏《ぶつ》を実践するための儀式に使用される道具のことで、『金剛頂経《こんごうちょうきょう》』所説の「金剛界《こんごうかい》」と『大《だい》日経《にちきょう》』所説の「胎蔵生《たいぞうしょう》」の二種（両部）マンダ

曼荼羅の一部
（胎蔵曼荼羅・中台八葉院）

ラがあり、それぞれ掛軸仕様と壇に敷《し》く仕様の二種があります。

この灌頂を受ける僧侶は、双方に「投花得《とうけとく》仏《ぶつ》」という、目隠しをして一花《げ》（現在は樒《しきみ》をもちいる）を壇に投げ入れるという、偶然性（いわば神の意志）に委《ゆだ》ねられた方法によって、自己がマンダラの中の大日如来、あるいは大日如来の化身（アバター）としての一仏（尊）と縁を結んで（自分が投げ入れた花が落ちたところの仏になること）、仏と一体化し（ヨーガつまり同化・即身成仏）、以後の人生を仏として生きることを目指すのです。

Q 大日如来《だいにちにょらい》とお釈迦様の関係は？

「大日如来」とは、実はお釈迦様のことです。

ただし、正しくは「大日如来」という名称には、二つの意味が含まれています。一つは、如来であるにもかかわらず菩薩の姿をした、マンダラに描かれているビルシャナ（原音はヴァイローチャナ）。ビルシャナというインド語は、「遍《あまね》く照らす」という意味で、太陽（日）のような人であることを表しています。もう一つは、例えるならば、生きとし生ける物が共通してもっている生命《いのち》のような存在。いわば姿なき神のような大ビルシャナです。

お釈迦様の本名は、ふつうシッダールタ（目的を成し遂げる人）ですが、大乗経典や密教経典によれば、そのアナグラム（言葉の並べ替え）としてのアルタシッダにサルヴァ（すべての）という語が加えられたサルヴァールタシッダという名として伝えられています。

少し話がややこしいのですが、歴史上実在したお釈迦様は、菩提樹《ぼだいじゅ》のもとで悟りを開かれる前に、肉体はそのままに、その魂《たましい》はスメール山（須弥山《しゅみせん》）の山頂という別世界に赴《おもむ》き、そこにすでにいるもう一人の自分であるビルシャナから教えをうけ、自分もビルシャナになって、肉体にもどり、ブッダになったということになっているのです。

Q 真言は呪文？

真言はインド語マントラの漢訳語です。『般若心経』の翻訳者、三蔵法師として有名な玄《げん》奘《じょう》はマントラを「呪《しゅ》」と訳しています。ですから、真言は呪文である、といっても差し支《つか》えはないのですが、しかし、ただの迷信といわれるような「お呪《まじな》い」の言葉かというと、決してそうではありません。それゆえ、真実・真理そのものの言葉という意味での「真言」という訳語のほうが、まさに相応しいといえます。

わたしたちは、ふだん何気なくテレビを見たり、パソコンを使ったりしていますが、それらは視聴覚（オーディオ・ヴィジュアル）の世界で、コミュニケーションの手段の基本といえます。人間の感覚器官の情報量の優先順位でも、さきほどの『般若心経』にもあるように「眼《げん》・耳《に》……」「色《しき》・声《しょう》……」と出てきます。悟りの意味・内容・心のさまが仏の姿やシンボルとして表され、また、言葉すなわち音声や文字として表されることによって、人々に伝えられ、悟りを求めようとする人々に実践されることになるのです。

Q 真言密教と天台《てんだい》密教との違いは?

密教を中国から日本に最初に持ち帰った人物は、実は天台宗の祖・最澄です。ただし密教とはいっても「雑部《ぞうぶ》密教」と呼ばれる、真言密教のように『金剛頂経』と『大日経』によって体系づけられていないものでした。

最澄にとって、中国渡航の目的ははじめから天台教学の修学であったのですから、まさに運命の神の悪戯《いたずら》というか、たぶん、たまたま知的好奇心から密教を学んだのではないかと思われます。

天台密教を「台密《たいみつ》」と呼ぶのに対し、真言密教を東寺の東をとって「東密《とうみつ》」と呼んでいます。その主な相違点は、その教えの内容にしても教主にしても、「東密」は、密教とそれ以外の『法華経』などの大乗の教え（それらを密教に対して顕教《けんぎょう》と呼びます）とを峻別して、密教の方が勝《すぐ》れ、顕教は劣っていると主張するのに対し、『法華経』を信奉する「台密」では両者の一致を主張するのです。

Q 真言密教とチベット密教との違いは?

何故違いが生じたのかという視点からの方が分かり易いといえます。そもそもチベットはインドとも中国とも国境を接する、いわばお隣り同士、国は別々でも情報伝達は、遠く離れた島国の日本よりは各段に早く、しかも他国の影響を受けにくい。つまり、日本の密教はインド直輸入という訳ではなく、中国というフィルターを通して輸入されたもの。インド語が理解できた空海もたぶん、それを承知の上で選択輸入したものと思われます。

最澄との決別の一要因となった『理趣釈《りしゅしゃく》経《きょう》』（セクシャルな表現・内容を含む経典）の問題にも見られるように、一部すでに経典内容のセクシャル化も進んでいます。要するに空海輸入以後のインドの密教（後期密教と呼ぶ）は、イスラム教の攻勢やヒンドゥー教の台頭などの社会的変革の時代を迎え、その影響下において、淫らで、反社会的・非人間的な表現・内容・実践を含む宗教に変貌をとげていったのです。

ただし、チベットでは、それらのマイナス・イメージは払拭《ふっしょく》され、崇高な理念として昇華され、政教一致のもと、これまでの仏教と同様に人々に受容されたのです。

Q 密教でよく超能力をいうのはなぜか？

真言密教の修行法を実践する者には、超自然的な視力や聴力を始めとする五つの「神通力《じんづうりき》」つまり超能力がそなわることが、密教経典に説かれていますが、真言密教に限らず、古くから禁欲（梵行《ぼんぎょう》）を実践する修行者に備わる力とされています。

「神通」とは、インド語のアビジュニャーの漢訳語で、超越的な知力を意味しています。例えば、視力や聴力については、「天《てん》（神、インド語ディヴヤ）の」という修飾語が加えられている（天眼《てんげん》通・天耳《てんに》通）ことからも、普通の人間の能力を超えた自在な力であることがうかがわれます。

特に真言密教では、『求聞持法』のようなテキスト（次第）や、師にしたがった瞑想や祈りによって、人間の未知の能力を開発し、感覚器官を研《と》ぎ澄まそうと試みる実践方法が伝えられています。

Q 実際は亡くなっているのに、空海は入定《にゅうじょう》しているというのはなぜ？

愛しい人、大切な人、拠《よ》り所としている人が亡くなった場合、その悲しみは計り知れません。この世からいなくなっても、何処《どこ》か別の世界、つまり、あの世としての天上界や浄土に再生（往生）して、ずっと見守っていてほしいと思う気持ちは誰にでもあると思います。

ただし空海の死については、少々事情がことなります。空海は即身成仏した人なので、仏と見做《みな》されるべき人です。したがって空海の死は涅槃《ねはん》（不死つまり永遠の命）を得たことを意味します。しかも空海が歴史上のブッダのように、もし火葬にされてしまったとしたら、「入定《にゅうじょう》留身《るしん》」すなわち生きて入定（瞑想）していると

弘法大師空海

いうような伝説は起こらなかったかも知れません。

空海のように日本が誇るべき偉大な人物は、世の人々に忘れさられない限り、時空を超えて、いつまでも人々の心の中に、拠り所として存在し生き続けるのです。

Q 空海が修行した求聞持法《ぐもんじほう》とは、そんなに大事な修行なの？

確かに、『求聞持法』を実践して、もし成就《じょうじゅ》（体得）できたならば、記憶力が倍増し、学習効率が飛躍的にアップすることは間違いありません。何しろ、一度見聞きするだけで記憶できるようになるというのですから。

『求聞持法』のオリジナルは、善無畏三蔵《ぜんむいさんぞう》訳『虚空蔵菩薩能満所願最勝心陀羅尼求聞持法《こくうぞうぼさつのうまんしょがんさいしょうしんだらにぐもんじほう》』という経典で、漢訳のみ伝えられています。修行内容はかなりハードで、詳しくは専門書に譲るとして、「ノウボウ・アキャシャキャラバヤ・オン・アリキャ・マリボリ・ソワカ」という真言陀羅尼を五十日間あるいは百日間かけて、なんと百万回唱え続けるという、難行苦行です。

空海が著した『三教指帰《さんごうしいき》』の序文によれば、一族の期待を担《にな》い、十八歳で大学に入り勉学に勤《いそ》しんだものの、立身出世に嫌気がさし、大学を辞《や》めたのち、一人の修行僧と出会い伝授された、とされています。この出会いこそが、空海を出家の道へと導いたのですから、空海自身にとってはとても大事なことだったと思われます。

4 浄《じょう》土《ど》宗《しゅう》への疑問

林《はやし》田《だ》康《こう》順《じゅん》

Q 新時代に向けて目指すものとは？

平成二十三年（二〇一一年）は、浄土宗の宗祖にして、念仏の元祖である法然上人《ほうねん》（長承《ちょうしょう》二［一一三三］年～建暦《けんりゃく》二［一二一二］年）（以下、祖師の尊称を略す）の八百年大遠忌《おんき》の年でした。今から約八百年前、建暦二年正月二十五日、法然は八十歳で浄土往生を遂げました。法然による浄土宗の開宗は、それ以前の仏教界の常識を根底から覆《くつがえ》すことになりました。

法然は、自身の姿を真摯《しんし》に見つめた結果、阿弥陀様の前では、誰しも人は煩悩を断ち尽くすことなどできない愚かな存在（凡夫《ぼんぶ》）であると主張しました。そして、だからこそ阿弥陀様は、そんな私達のために悟りの場としての極楽浄土を用意され、誰もが修められる称名念仏《しょうみょうねんぶつ》を浄土往生のための本願（成仏された仏からみて、もとの菩薩時代におこした誓願を本願といいます）の行として選択《せんちゃく》されたと受けとめ、阿弥陀様の他力《たりき》が加わる念仏の功徳は他のいかなる善行の功徳でさえ足下にも及ばないことを明らかにしました。これが選択本願念仏説《せんちゃくほんがんねんぶつ》です。法然は、この選択本願念仏を宣揚することによって、自身の力で悟りを開き、智慧の獲得を目指すそれ以前の自力《じりき》の仏教から、阿弥陀様の救いにわが身をゆだね、その慈悲にすがる他力の仏教への大転換を成し遂げました。同時にそれは、権勢を誇る一握りの人々のための仏教から、広くすべての人々に向けて開かれた新時代の仏教への大転換でもありました。

そんな法然が極楽往生を遂げる二日前の正月二十三日にしたため、法然の絶筆となった『一枚起請文《いちまいきしょうもん》』の結文には、

「智者のふるまいをせずしてただ一向に念仏すべし（けっして智慧ある者のふりをせず、ただひたすら念仏を称《とな》えなさい）」

とあります。こうした説示からも明らかなように、法然の教えに連なる私達が、新しい時代に向けて目指すことが、より一層の選択本願念仏の宣揚であることは申し上げるまでもないでしょう。

とはいえ、現代人にこうした称名念仏の教えを素直に受けとめてもらうことは容易《たやす》いことではありません。なぜなら科学万能の世界に生き、驕《おご》り高ぶりの思いが強い現代人にとって、こうした法然の教えはともすると絵空事のこととして受け止められてしまうからです。

だからこそ私達は、法然が『御消息』で、

「はじめにわが身の弱さ、至らなさを省みて、そのうえで阿弥陀様の本願の救いを信じるのです。本願の力が信じられるようになるために、わが身の弱さ、至らなさを省みるべきことを先に挙げているのです」

と述べているように、まずは現代人の心を覆う疑いや高慢な思いを払拭《ふっしょく》して、反省と謙虚な心を育んでいただくようにお伝えすることからはじめなければいけないでしょう。なぜなら、そうした心の涵養《かんよう》こそ、阿弥陀様に心から帰依《きえ》する信心《しんじん》の第一歩となるからです。

Q なぜ念仏を称《とな》えると極楽往生《ごくらくおうじょう》できるのか？

「浄土三部経」の一つ『無量寿経《むりょうじゅきょう》』において、成仏される以前の阿弥陀様が法蔵菩薩《ほうぞうぼさつ》であった時代、五劫《ごこう》という長い時間をかけて四十八の誓願を建て、その中、極楽浄土に往生するための行について、

「もし、私（法蔵菩薩）が仏となった時、あらゆる世界の生きとし生ける者たちが、嘘偽《うそいつわ》りなく心の奥底からわが浄土に往生したいと願い、わが名を称えて念仏することとわずか十遍や一遍であったとしても、もしもそれで往生が叶《かな》わないのならば、私は仏とならない」

と誓われました。この誓願を念仏往生の願といいます。そして法蔵菩薩は、兆載永劫《ちょうさいようごう》というはるかな時間にわたる修行を積み、阿弥陀仏として成仏し、これらの誓願を成就されたのです。私達は、この阿弥陀様の本願を信じて念仏を称えています。

煩悩を断ち尽くすことなどできない私達のような凡夫が交わした約束ではありませんし、私達凡夫が修めた行《ぎょう》の功徳によって極楽往生が叶うというわけでもないのです。他ならぬ阿弥陀様ご自身による「念仏を称えれば必ず極楽往生

を叶えよう」という本願の働きにわが身をゆだねて極楽往生を遂げるのですから、私達の往生は約束されているのです。

Q なぜ本尊がお釈迦様ではなく阿弥陀様なのか？

私達浄土宗の者は、阿弥陀様が建立《こんりゅう》された極楽浄土へ往生し、そこで悟りを開くことを何よりも目指しているからです。もちろん私達も仏教徒ですから、仏教の開祖であられるお釈迦様をお慕《した》いしていることは申し上げるまでもありません。法然は、そのお釈迦様がこの娑婆《しゃば》世界にお出ましになられた出世の本懐こそ、阿弥陀様の本願念仏を後の世に伝え残し、すべての人々を極楽浄土へ往生させることにあると受けとめ、念仏の宣揚に努めたのです。

『一枚起請文』の中に法然が、

「もし私が、念仏を称えれば必ず極楽往生が叶うということ以外に念仏の奥深い教えを知っていながら隠しているというのであれば、あらゆる衆生を救おうとするお釈迦様と阿弥陀様の大慈悲に背くこととなり、私自身、阿弥陀様の本願の救いから漏れ堕ちてしまうこととなりましょう」

と述べているように、私達もまた阿弥陀様を救い主、お釈迦様を教え主として等しく仰ぎ尊んでいるのです。

Q 極楽往生とは死後、理想郷へ行くこと？

ご質問の通りです。誤解のないように付け加えるとすれば「私達が悟りを開く場として、これ以上望むべくもない」という意味での理想郷と言えましょう。ですから、俗的に「ああ気持ちいい、極楽極楽!」などと用いられるような意味での理想郷では決してありません。

法然が述べているように、この娑婆世界は私達の苦しみや悲しみが決して尽きない、どこまでも迷いの世界です。ですから、煩悩を断ち尽くすことができない私達凡夫が、この娑婆世界で悟りを開くことなどできはしません。

それに対して極楽浄土は、目に見えるもの、耳に聞こえるもの、肌に触れるもの、そして、香りや味わいといった五感の対象のすべてが自ずと私達の信仰を深めるように促《うなが》し、さらには、阿弥陀様から直接尊い教えを拝聴することができる場なのです。だからこそ私達は極楽においで、さまざまな仏道修行を積んで速やかに悟りを開くことができるのです。

Q 本当に死後に極楽世界に往生する以外、救いの道はないのか?

ご質問の通りです。『一紙小消息《いっしこしょうそく》』において法然は「阿弥陀様の化身《けしん》である善導大師《ぜんどうだいし》でさえ『自分こそ煩悩にまみれた愚かな人間である』とおっしゃっている(いったいどこに『私は自力で悟りを開くことができる』と言い切れるものがいようか、いやいようはずがないではないか)」と述べています。つまり、浄土宗の人間観に立てば、この娑婆世界に生きるすべての人間は、例外なく、はるかな過去世から今に至るまで輪廻転生《りんねてんしょう》を繰り返し続け、自身の力で煩悩を断ち尽くして輪廻を離れ出ることなどできない凡夫という存在なのです。

ですから阿弥陀様は、こんな私達を憐《あわ》れんで、誰にでも修められる念仏を極楽往生の行として本願に誓い、それを成就《じょうじゅ》するために果てしない修行を積まれたのです。念仏は、誰にでも称えられる易しい行ではありますが、阿弥陀様の救いの力が加わりますから、極楽往生というとてつもない功徳をもたらすことが約束されているのです。

Q 念仏は称えれば称えるほど救われるのか？

ご質問にある「救い」を浄土往生ということに限定するとすれば、そういうわけではありません。法然は、阿弥陀様に心から帰依し、わずか一遍「南無阿弥陀仏《なむあみだぶつ》」と念仏を称えただけで往生が叶うと述べています。なぜなら、前述した阿弥陀様の念仏往生の願に誓われている通りであり、阿弥陀様は「念仏をたくさん称えなければ救わない」とは誓われていないからです。

しかし、わずか一遍の念仏で救われることを明らかにした法然自身が、日課として六万遍の念仏を、晩年には七万遍の念仏を称え続けました。いったいそれはなぜでしょうか。結論から言えば、念仏を相続する理由は、阿弥陀様の側にあるのではなく、私達人間の側の問題なのです。つまり、煩悩を断ち尽くすことができない私達凡夫の心は、あっちへ行ったりこっちへ来たり、四六時中常に一定しないありさまです。そんな私達だからこそ法然は、阿弥陀様に帰依する心が途切れないように念仏を相続することを訴え、自らも実践したのです。

さらに法然は、念仏を称える者には、常に阿弥陀様の救いの光明が照らし、私達の煩悩の働きが抑《おさ》えられ、自ずと自力で行を修めている者と同じ境地に至ることができると述べています。念仏行者が日常に蒙《こうむ》るこうした功徳もまた阿弥陀様による救いの働きの一環と言えるでしょう。

Q なぜ修行も戒律も必要ないと説くのか？

ご質問にある「必要ない」というのは「極楽浄土に往生するための条件としては必要ない」ということです。それは前述したように、阿弥陀様が極楽浄土に往生するための行として誓われたのは念仏一行だからです。そもそも阿弥陀様が念仏を浄土往生の行として選び取られたのは、煩悩を断ち尽くすことができない私達凡夫のありのままの姿をよくご存じだったからに他なりません。仮に他の修行や戒律を本願往生行に定められたとしても、私達がそれを満足に修めきれないことを阿弥陀様はお見通しです。ですから「念仏だけでは功徳が足りず不安だから他の修行や戒律も修めよう」と受けとめてしまえば、それは阿弥陀様の本願のお力を疑うことになってしまうのです。

しかし、だからといって法然は、私達念仏行者に対し、戒律をはじめとするさまざまな仏道修行を軽んじていいと述べたわけではありません。法然は「戒律は仏教徒にとって大地に等しいものである」（『授菩薩戒儀《じゅぼさつかいぎ》』）と述べており、念仏行者もまた各々ができる範囲で戒律や修行に努めることは大切であり、阿弥陀様はそうした私達の姿をきっと喜んで見ていてくださることでしょう。

Q なぜ念仏は弾圧されたのか？

法然晩年からその滅後にかけて、浄土宗教団は都合三回の法難に遭いました。年代順に元《げん》久《きゅう》の法難・建永《けんえい》の法難・嘉禄《かろく》の法難です。

元久の法難とは、元久元（一二〇四）年、比叡山の衆徒が、浄土宗教団の専修念仏《せんじゅねんぶつ》停止を天台座主《ざす》に訴えたことに端を発します。法然はそうした動きを鎮《しず》めるために、門弟百九十名の署名を添えて七箇条からなる制誡《せいかい》を作成し、あわせて浄土宗教団が他教団に脅威となることなど決してない旨をしたためた起請文《きしょうもん》を座主宛に送りました。制誡では、阿弥陀様以外の仏菩薩や念仏以外の行を軽んじたり、阿弥陀様の本願をたのむ者は放逸な行動をしても構わないなどと吹聴《ふいちょう》していた一部門弟達の言動を厳に誡《いまし》めています。こうした門弟の放逸な言動は、それ以降の法難の直接・間接の原因となっていきます。

建永の法難では、建永元（一二〇六）年、法然門下の住蓮《じゅうれん》・安楽《あんらく》の二名による礼讃《らいさん》の調べに感銘した後鳥羽院《ごとばいん》の女房が無断で出家したことに上皇が逆鱗《げきりん》し、翌年、安楽は六条河原で、住蓮は近江の馬淵《まぶち》で処刑された上に、法然が四国に配流《はいる》されるなど、多くの門弟が流罪《るざい》に遭いました。

嘉禄の法難では、嘉禄三（一二二七）年、比叡山の衆徒が法然の墳墓を破却したり、比叡山の大講堂前で『選択集』の版木を焼却したり、隆寛《りゅうかん》等の有力な門弟が流刑になるなどしました。浄土宗教団を襲ったこうした法難は、直接的原因としては前述した門弟達による放逸な言動に求められます。しかし、より根源的な背景としては、法然が宣揚する選択本願念仏の教えがそれ以前の仏教界の常識を根本から覆す、すべての人々に開かれた教えであり、だからこそ浄土宗教団が爆発的に広まっていったことが既成教団にとって大きな脅威に映ったからと言えるでしょう。

Q 浄土真宗《じょうどしんしゅう》とはどこが違うのか？

これまでよく浄土宗は「助けたまえ」という依頼の念仏であり、浄土真宗は「ありがとう」という感謝の念仏であると念仏者が具える安心《あんじん》の違いが強調されることが多かったようです。

しかし、そもそも法然と親鸞《しんらん》の阿弥陀仏と極楽浄土の理解は根本的に異なっており、だからこそその派生としての安心の理解が異なってくると言えるのです。

つまり、法然の場合、「浄土三部経」（『無量寿経』『観無量寿経』『阿弥陀経』）の所説をすべて仏説として等しく尊び、それら経説の解釈基準を善導の著作に集約していきます。前述したように善導は、法然が阿弥陀様の化身として尊崇《そんすう》した方です。こうした手続きに従えば、阿弥陀様は果てしない修行の末に悟りを開かれた人格的な仏となり、極楽は西方に荘厳《しょうごん》された浄土として明示されることとなります。

それに対して親鸞は「浄土三部経」の説示中に真実と方便という視点を取り入れ、経説解釈の基準も龍樹《りゅうじゅ》・世親《せしん》・曇鸞《どんらん》・道綽《どうしゃく》・善導・恵《え》心《しん》・法然という七祖にまで拡げ、とりわけ世親と曇鸞の著作へと大きくシフトさせます。こうした手続きに基づいた親鸞は、来迎《らいこう》される阿弥陀様や荘厳された極楽浄土の根源に注目し、それを成立させる働きそのものに重きを置くようになったと指摘することができ、両師の阿弥陀仏や極楽浄土の理解は大きく異なっていくのです。

Q 浄土宗が徳川家《とくがわけ》と関係が深いのはなぜ？

総本山知恩院《ちおんいん》や大本山増上寺《ぞうじょうじ》など浄土宗の諸寺院が徳川家の菩提寺であったからです。そもそも、文明七（一四七五）年、徳川家康の六代前の岡崎城主・松平親忠《ちかただ》は、菩提寺の大樹寺《だいじゅじ》住職愚底《ぐてい》から、本来は僧侶向けであった五重相伝という行を在家としてはじめて相伝された方として有名です。このように家康は徳川を名乗る以前から、先祖代々浄土宗との結びつきが続いていたのです。

天正十八（一五九〇）年、江戸に入城した家康は、増上寺住職存応《ぞんのう》に深く帰依し、以後、増上寺を菩提寺と定め、歴代将軍からも手厚い護持を受けた増上寺は大伽藍を整備していきます。そして、二代将軍秀忠をはじめ、上野寛永《かんえい》寺《じ》と同数の六人の将軍御廟所を今も守り続けています。また知恩院も徳川家の菩提寺となり、浄土宗総本山としての地位を不動のものとし、あわせて、秀忠以来の歴代将軍の護持によって大伽藍を整えていきました。

こうしたことから浄土宗の各本山や諸寺院も徳川家と深い関係を得て、浄土宗教団はますます発展することとなったのです。

5 浄《じょう》土《ど》真《しん》宗《しゅう》への疑問

狐野《この》 秀存《しゅうぞん》

Q 新時代に向けて目指すものとは？

いきなり教学の言葉で申しわけないのですけれども、「現生正定聚《げんしょうしょうじょうじゅ》」です。

親鸞の、浄土真宗の教えは現生正定聚の教えです。

「現生」は、現在ただ今の足もとの生活です。

「正定聚」は、浄土へ往生して必ず仏のさとりを開くということです。現在ただ今の生活の足もとから、一本道がまっすぐに浄土へとつながって、「来生《らいしょう》の開覚」を実現する。「現生正定聚」は、そういう明るい未来をもった生活がはっきりするということです。

京都の東本願寺へ行きますと、正面の塀に大きな横断幕がかかっています。親鸞の生誕八百年の時に掲げた標語です。

「生まれた意義と生きる喜びを見つけよう」

これが今日の時代に向けて、真宗大谷派が発信している言葉です。

Q なぜ親鸞は法然《ほうねん》の弟子になったのか？

親鸞は法然上人《しょうにん》を「光の人」として仰いでいます。それは法然上人をたたえる歌（和讃《わさん》）にはっきりと述べられています。

源空《げんくう》（法然）光明はなたしめ
門徒につねにみせしめき
賢哲愚夫《けんてつぐぶ》もえらばれず
豪貴鄙賤《ごうきひせん》もへだてなし

法然上人は人を賢いとか愚かとかという見かけの能力でえらんだり、家柄、血筋という社会的身分や地位でわけへだてをしませんでした。お釈迦さまも「光の人」でした。

「生まれによって賤しい人となるのではない。生まれによってバラモン（尊い人）となるのではない。行為によって賤しい人ともなり、行為によってバラモンともなる」（スッタニパータ）

これが仏教の核心です。

親鸞は、どんな人をも「南無阿弥陀仏」のこころの中で迎えいれる法然上人のすがたに、生きた仏教、お釈迦さまのこころが生きてはたらいていることを確信して、法然上人の弟子になったのです。

Q 親鸞が妻帯したのはなぜか？

ご承知のように、出家した者にとって、戒律を守るということが一番重要なことです。その出家者の守るべき戒律の一つに「不犯《ふぼん》」があります。ところが親鸞は結婚生活をしました。
真宗高田派の本山専修寺《せんじゅじ》に「親鸞夢記《むき》」というものがあります。

行者宿報設女犯《ぎょうじゃしゅくほうせつにょぼん》
我成玉女身被犯《がじょうぎょくにょしんびぼん》
一生之間能荘厳《いっしょうしけんのうしょうごん》
臨終引導生極楽《りんじゅういんどうしょうごくらく》

親鸞と家族の像

行者が宿業《しゅくごう》の催しによって女犯することになったとしても、私はその尊い女性となって身をささげます。そして一生をかけて行者と苦楽を共にし、臨終には往生極楽の願いが果たし遂げられるようにしましょう、という観音菩薩の夢のお告げです。

一般に「女犯偈《にょぼんげ》」といわれていますが、ある先生は「宿報偈」と呼んだ方がよいとおっしゃっています。宿業因縁の身を生きる、その現実の人間がすくわれていく道を親鸞はたずねたのです。素直な人間生活の上にこそ阿弥陀如来の本願が仰がれるということ。そういう道のあることを確信して親鸞はお互いが、夫となり、妻となり、子の与えられてくる家庭生活の道を選んだのだと思います。

Q 「他力本願《たりきほんがん》」の本当の意味とは？

親鸞は、「他力と言うは、如来の本願力なり」と、はっきりと言っています。しかし今日、他力ということばが他人の力をあてにするという意味で使われ、だから他力本願ではだめなのだといわれているのは、私どもからすると残念なことです。

仏道修行は自利利他円満《じりりたえんまん》を目指します。しかし私どもの日ごろのこころは自己中心的な思いで一杯です。自分さえよければと、自分の利になることばかりを求める、そういうこころを親鸞は「自力のこころ」と言いました。

阿弥陀如来の本願は、そうした私どものすがたをあわれみ、あなたが善《よ》き人であろうとも、悪《あ》しき人であろうとも、あなたをあなたのままに迎え取るから、真実に生きる道をあゆみなさいと呼びかけてくる。それが他力のはたらき、如来の本願の力です。

Q 仏壇に立体の阿弥陀像ではなく絵像や名号《みょうごう》を飾るのはなぜ？

またややこしいことを申しますが、浄土真宗ではあまり「仏壇」といわないで、「お内仏《ないぶつ》」といいます。

私ども日本人が仏壇としているものは先祖檀ですね。お内仏というのは本当のこころのよりどころを明らかにするという意味があります。阿弥陀如来は「いのちみな生きらるべし」と、私どものこころの内に呼びかけています。自分が自分らしく、家族が家族としてこころを寄せ合って生きることを願っています。

そういう阿弥陀如来の呼びかけをもっともよくあらわしているのが「南無阿弥陀仏」の名号です。もちろん阿弥陀仏の木像や絵像でもいいのです。本当の自分として生きることを呼び起こしてくるはたらきを「本尊」といいます。ですから大切なことは本尊との関係が開かれるかどうかということです。

Q 浄土真宗のお坊さんはなぜ髪をのばしていいの？

もちろん、髪の毛を剃ってもいいのですよ。問題は、頭の髪の毛を剃《そ》っても、剃らなくても、こころの髪の毛が生えてくることです。

浄土宗の方が気を悪くすると申しわけないのですが、一つのエピソードとして聞いてください。親鸞の曾孫《ひまご》の覚如《かくにょ》が記した『口伝鈔《くでんしょう》』の中に、三つの髻《もとどり》事件が出てきます。

聖光房弁長《しょうこうぼうべんちょう》上人が修行を終えて、故郷の鎮《ちん》西《ぜい》（九州）に帰ろうとした時、法然上人が「法師には、みつのもとどりあり。いわゆる勝他《しょうた》・利養《りよう》・名聞《みょうもん》、これなり」と語ったという話です。

「もとどり」というのは、昔の人の髪の毛を縛《しば》っていたこよりのようなものです。得度して僧侶になる時は、剃髪するために、その髻を切らなければなりません。それで出家得度することを「髻を切る」というのです。

ところが法然上人は頭の髪の毛を束ねていた髻を切ったとしても、三つのこころの髻を剃り捨てなければ法師とは言えない、まことのお釈迦さまの弟子とは言えないと教えたのです。

浄土真宗も得度する時は頭の髪の毛を剃ることになっています。問題は、髪の毛をのばしていても、剃っていても、勝他・名聞・利養という自力のこころの髪の毛が残っているということです。

「自力のこころに気づきなさい」と、親鸞の師である法然上人から呼びかけられているのです。

Q 念仏は何のために称《とな》えるのか？

念仏にどういうご利益《りやく》があるのかと思われるのはもっともなことですけれども、そもそも「念仏」ということばは「仏を念ずる」という意味のことばです。しかしよく考えてみると、むしろ仏さまの方が私どもを念じているのかもしれません。「念ずる仏まします」ということが一番もとにあるから、私どもにも「仏を念ずる」ということがおこるのではないでしょうか。

「念仏は空気だ」といったらよいでしょうか。ふだん私どもは、病気にでもならないかぎり、空気のあることは考えもしません。しかし、空気があってはじめて私どもはこのいのちを生きているのです。もちろん自分が生きているのですが、よくよく考えてみると、空気が私どもを生かしているといえるでしょう。

念仏は、私どもが意識する、しないにかかわらず、仏さまが私どもを念じていらっしゃるという、生きることの一番はじめにある事実を憶《おも》い起こす道です。まず念仏申して、私どもを生かしている空気のような仏さまの呼びかけ、はたらきに目覚めていこうということです。

Q 同じ法然の教えを受け継ぐ浄土宗との違いは？

同じ「南無阿弥陀仏」の教えを受けているのですから、特別な違いはありません。ただし、その念仏のあらわれの受けとめ方に違いがあります。

浄土宗の方は、自分のこころを整えて、まごころで念仏申すことが大事だと受け取られるようです。しかし親鸞は、念仏はもとより、念仏申そうと思いたつこころも、如来のはたらきを受けて私どものうえにあらわれると教えています。

念仏は自分の力ではげむ善ではありません。阿弥陀如来の「えらばず、きらわず、見すてず」のこころが、私どもの自力のこころをひるがえしてあらわれてくる、その具体的な表現が「南無阿弥陀仏」の念仏です。そういうことを「如来回向《えこう》」といいます。親鸞の教えは如来回向の教えなのです。

Q 親鸞は、なぜ悪人が救われると説いたのか？

『歎異抄』という親鸞のことばを集めた書物の中に、「善人なおもて往生をとぐ、いわんや悪人をや」と書いてありますので、みなさん驚くのでしょうね。

しかし、そのあとの「他力をたのみたてまつる悪人、もっとも往生の正因《しょういん》なり」ということばを読むと、親鸞がなぜそう言ったのかがわかります。

親鸞が「悪人」と呼んだ者は、他力をたのむこころのおこった者のことです。「悪人」は他力本願の阿弥陀如来のはたらき、呼びかけに目覚めた人の、目覚めのことばです。数えきれない悪業を犯してきた罪深い身であったと、そういう人間の「身の事実」を教えられたことばです。

そういう我が身の痛み、悲しみに気づいた者に、「えらばず、きらわず、見すてず」の阿弥陀如来の本願ははたらき、呼びかけてくるのです。

Q なぜ他宗のような修行をしないのか?

仏教であるかぎり、その仏道を実現するための行を欠かすことはできません。ところがその行について、それを自分の力のあらわれだと誇ったり、自分の手柄としたりすることを、自力のこころだと厳しく自己批判したのが親鸞です。

「行」は「南無阿弥陀仏」となって、阿弥陀如来が私どもの現実の生活の中にはたらいています。その如来の本願のはたらきを素直なこころで信じるということ、それは私どもの責任です。

ただし如来の本願を信じるといっても、私どもの自力のこころではけっして信じることはできません。親鸞は阿弥陀如来の智慧をたまわって念仏申すということがおこるのだといいます。

鈴木大拙先生が、親鸞の主著である『教行信証』を英訳された時に、真実の行を true living と翻訳されました。真実の生活、本当の生活。それは如来からのプレゼント（回向《えこう》）だといえるでしょう。

Q なぜ戒名《かいみょう》をつけないのか？

戒名も法名《ほうみょう》もお釈迦さまの弟子になったという名のりです。浄土真宗では「法名」といいます。末法の世にあっては、「無戒名字の比丘《びく》」といわれるように、戒をたもつことは出家の仏弟子であっても大変むずかしいことです。まして会社や工場で働いたり、田畑をたがやしたり漁に出たりして、現実の生活をしている者にとって戒をたもつということはできない相談です。

親鸞はみずからを「愚禿釈《ぐとくしゃく》親鸞」と名のりました。「愚禿」というのは煩悩の中で生きるすがたを言います。無戒のすがたです。しかし同時に「釈親鸞」と名のります。「釈」は釈子《しゃくし》で、お釈迦さまの弟子ということです。末法の世において、しかもなおお釈迦さまの弟子であるという、はっきりとした自覚をもっていたわけです。

そうした親鸞の名のりにならって、浄土真宗では法名をいただくのです。

Q 葬儀で「清め塩」を使わないのはなぜ？

おそらく清め塩というのは、何かの穢《けが》れをはらうという意味があるのでしょう。

　まず考えてほしいのは、亡くなられた人を「穢れ」と思うこころが変だと思いませんか。自分の身内のお父さん、お母さん、また兄弟、そして時によっては我が子が亡くなった時、知り合いやご近所の方が来て、「それは穢れている」、「あんたの親や子どもは穢れている」と言われたら、どんな気がしますか。思わぬできごとに打ちひしがれているところに、それこそそのこころの深い悲しみ、傷に塩をなすりつけるようなものではないですか。おかしいでしょう。

　ところが今日でも、葬儀の後に清め塩を渡される風習が残っています。それは私ども日本人に、死を穢れと思うこころが根強く残っているからでしょうね。

「キヨメ」という、日本人の体質となっている風習が差別のもとといえます。仏教は縁のある人を本当に大事にするから、清め塩は使わないのです。

Q 門徒《もんと》はなぜ占いや吉凶《きっきょう》にとらわれないのか？

　今は占いのブームらしいですね。みんな行く先のことがどうなるのか関心がありますから、いろんな占いがあるようです。

　先のことがわからないということは、実は今現在の足もとがわからないということではないでしょうか。行く先のことを案じていますが、それは今が不安でたまらないということの裏返しの表現かもしれません。

　親鸞はその現在ただ今の足もとが、「現生《げんしょう》正定聚《しょうじょうじゅ》」としてはっきりしたと教えているのです。ですから未来は明るいのです。浄土へ往生し、仏のさとりを開くという、人間としての道がはっきりしているから、占いや吉凶にたよる必要はないのです。

Q 東西本願寺の教えに違いはあるか?

同じ親鸞の教えを受けている教団ですから、何も違いはないのですよ。

江戸時代のはじめに、本願寺住職の継承をめぐって東西に別れました。それから四百年という長い時間の経過の中で、たとえばお勤めの節回しとか、衣《ころも》のことなどで、細かい違いはあります。しかし、「本願を信じ、念仏をもうさば仏になる」という親鸞の教えについては、何の異なりもありません。

そういう中で、あえてと言えば、お西の方は「法《ほう》」のすがたを大事にされるようです。一方、東はその法がはたらく「機《き》」の問題を中心的に取り上げるという傾向はあります。そうした微妙な姿勢の差異が、お西の「門主」、東の「門首」という「もんしゅ」の呼び名にあらわれているのかもしれません。

Q なぜ般若心経《はんにゃしんぎょう》を読まないのか?

『般若心経』は「大乗仏教の精髄」と言われているように、もっとも大切にされてきた経典です。仏教の各宗、各派において読誦《どくじゅ》されているようです。「縁起《えんぎ》・空《くう》」というお釈迦さまの教えの中心を説いたものです。

問題は私どものこころです。自分を中心に、そしてその自分の眼に映ること、こころに思うことを絶対化し、執着するこころです。まったく「縁起・空」の教えに背くこころです。そうした自力のこころを我がこころとして生きる者をあわれみ、悲しんで、阿弥陀如来は因位《いんい》の法蔵《ほうぞう》菩薩となって、凡夫《ぼんぶ》である私どものために本願を建てたのです。

その如来の本願のこころを明らかにする「浄土三部経（大無量寿経・観無量寿経・阿弥陀経）」を読むことによって、お釈迦さまの真実の教えを聞いているのです。

Q なぜ真宗を信仰する人たちを「門徒」と呼ぶのか？

日本では仏教信者のことを一般に「檀家」と申します。江戸時代の幕府の政策で、キリシタン禁制という意味もあったのでしょうが、「寺檀《じだん》制」という人々を管理する制度がありました。

人々は必ずどこかのお寺の檀家になるというかたちで社会的身分を保証されるという、一種の身分身元保証制度であったわけです。そういうことがあって「檀家」という言い方が広く定着したようです。

浄土真宗でも「檀家」と言う場合もありますが、正式には「門徒」と言います。阿弥陀如来の本願の家（浄土）に呼ばれた者がその家の門から中に入るという意味があります。

親鸞はみずからを「真宗興隆《こうりゅう》の大祖《たいそ》」である法然上人の門徒の一人だと名のっています。

6 臨《りん》済《ざい》宗《しゅう》への疑問

藤原《ふじわら》 東演《とうえん》

Q 新時代に向けて目指すものとは?

世の中はものすごいスピードで変化し、動いています。私たちもその変化を無視できません。

しかし、そのために自分を見失ってはなりません。

中国の唐の時代、帰宗《きす》という禅者がいました。ある日、帰宗が典座《てんぞ》(台所)に行くと、一人の雲水《うんすい》(修行僧)が石臼《いしうす》をひいていました。いかにもいそがしそうに、ともかく粉にするために、臼を回していたのです。それを見て帰宗は、

「石臼をひくのはいいが、真《ま》ん中《なか》の心棒《しんぼう》だけはひくなよ」

と雲水に言ったといいます。

私たちも日々の生活で動かねばなりません。動の中に静が求められるのです。そのためには自分をととのえる、そうです調身《ちょうしん》・調息《ちょうそく》・調《ちょう》心《しん》を実践する坐禅を修することです。

今、いよいよ坐すことが求められています。

Q 公案《こうあん》とは何のためのものか？

「公案」とは、「公府《こうふ》の安牘《あんとく》」の略で、もともとは国家の法令を意味する言葉でした。国家の法令には、国民は従わなければなりません。

臨済禅の修行においては、道場の指導者（師《し》家《け》）が、仏祖《ぶっそ》の言行を「問題」として修行者に与えます。修行者は与えられた問題に随順《ずいじゅん》して工夫《くふう》（専心努力すること）し、師家に答え、点検してもらいます。それによって師は、悟りに到《いた》るように導きます。その様《さま》は、まさに国家の法令に従う国民の如くなので、この問題が「公案」と呼ばれるようになったのです。

では、公案の工夫はどのようにして行うのでしょうか。私も初めて師から公案をいただいたとき、師に参ずるたびにその答えを否定され、どうしてよいのか悩みました。

そんな私に対して先輩の修行僧が、

「坐禅して禅定力《ぜんじょうりき》をつけなくてはいけない、一切の理屈や思慮分別《しりょふんべつ》を捨てなさい。公案をひたすら唱えて、一つになりなさい。精進《しょうじん》していけば必ず、〈ああ、そうか〉とうなずける時が来ます」

と言ってくれたことが忘れられません。

Q 臨済宗が茶道《さどう》とかかわりが深いのはなぜ？

禅と茶の関係は鎌倉時代の栄西禅師《えいさいぜんじ》によって始まっています。禅師が宋《そう》の国に修行に行き、その折《おり》、仏祖に供《そな》える献茶《けんちゃ》や禅寺の茶礼《されい》という儀式をわが国に伝えたと言われます。

茶礼とは、一釜の水で点《た》てた茶を修行僧が共にいただいて心を一つにして修行をする、「和《わ》合《ごう》」の願いをこめてつとめるものです。現在でも禅宗では、とても大切にされている儀式です。

さて、禅と茶道の関わりはどうであったのかと言いますと、室町時代、一休《いっきゅう》禅師（一三九四～一四八一）と侘茶《わびちゃ》の祖・珠光《じゅこう》（一四二三～一五〇二？）との出会いから始まったとされます。茶の場も禅の修行をする場であり、本来の自己に目覚め、雑念に振り回されない所作《しょさ》こそ茶道の極意だと、珠光は考えたのです。

珠光は一休禅師に参禅し、ついに悟道を認められたのでした。この教えは紹鴎《じょうおう》、利休《りきゅう》と伝えられていきました。こうして茶道と禅の関係は深まっていったのです。

一休禅師

Q 臨済宗と曹洞宗《そうとうしゅう》の違いは？

日本に曹洞宗を開いた道元《どうげん》禅師は、坐禅することがそのまま悟りの世界だ（修証一等《しゅしょういっとう》）と説きました。

人間は本来悟りの本性《ほんしょう》を具《そな》えているからで、これを「本覚《ほんがく》」と言います。だから道元禅師は「只管打坐《しかんたざ》」を主張します。坐禅をして悟ろうという目的を持って坐ったり、価値を一切つけてはならないと説きました。

臨済禅は「公案」という、悟りに到らせるための問題を師が弟子に与えます。坐禅のとき、この「公案」と一つになって工夫するのです。臨済禅の坐禅は、悟るための行ということになります。

なぜかと言いますと、「人間は本来悟りの心(仏性《ぶっしょう》)を具えていることはまちがいないのですが、ただ日常の中で自我にくらませられて、迷っている。その迷いに埋もれている本性を再発見しなくてはならない」と教えるのです。これを「始覚《しがく》」と言います。

Q 特定の本尊が決まっていないのはなぜ?

臨済宗は、自分自身が仏さまと違わない本性を持っていることに目覚めることを第一義とします。臨済宗でよく読まれる『金剛経《こんごうきょう》』にも、「私たちが仏さまの姿を求めても、仏さまと声を出して呼んでも、それは自分自身が仏であることを自覚していないのだから、邪道である。それは仏道ではない」と説かれています。

つまり、自分自身が仏ですから、拝む対象となる仏像などは、究極的には要らないことになります。

そうすると、逆に、なぜ臨済宗のお寺にも本尊となる何かしらの仏像が祀《まつ》られているのかという疑問がわいてきますが、修行なかばの私たちにとって、仏像のお姿を目の当《ま》たりにして敬《けい》虔《けん》な気持ちになり、自己に目を向け、懺悔《さんげ》し、精進していくということが、どうしても必要不可欠だと思うのです。

そのような理由で、臨済宗のお寺であっても本尊となる仏像は祀るのですが、特定の仏像である必要はなく、お釈迦さまであったり、阿弥陀さまであったり、観音さまであったり、お地蔵さまであったり、そのお寺とご縁のあった仏さまが祀られるのです。

Q 「不立文字《ふりゅうもんじ》」といいながら、なぜ多くの禅の語録があるのか?

お釈迦さまの悟り、本来の自己の自覚そのものは、文字や言説では表わせないのです。いくらおいしい料理でも、自ら食べてみなくてはその味がわからないでしょう。自ら体験してみるしかありません。これを「不立文字」と言います。

それなのに祖師方の語録・言行録が、非常にたくさん存在するのも事実です。では祖師方は、なぜ不立文字ということを知りながら、文字を使ったのでしょうか?

ここで読者の皆さまにお願いがあるのですが、どうか一ページでもけっこうですので、臨済禅の祖師方の語録(たとえば『臨済録』など)を、繙《ひもと》いていただきたいのです。何度読んでも「知的解釈」ができない、そういう「頭」を使った読み方では全く歯がたたないということがわかると思います。

つまり、祖師方の語録は、自己の悟りの境地から発せられていて、通常の論理では書かれていないのです。

しかし、禅の修行を深めていけば、祖師方が、いかに私たちを悟りの世界に導こうと願って、渾身《こんしん》の大慈悲で残されたか、わかってくるのです。その結果、膨大《ぼうだい》な語録がのこされることとなったのです。

Q 「教外別伝《きょうげべつでん》」とはお経を大事にしないこと？

臨済禅では、「教外別伝（経典とは別のところにお釈迦さまの真意がある）」という考え方を重視しています。

この考え方について、確かに「経典を大事にしない」と誤解されかねないような、次のような問答が、『臨済録』の中に出てきます。

ある僧が臨済禅師にたずねました。「お釈迦さまのお経は、仏性（真の人間性）を説き明かしたものではありませんか」。

これに対して宗祖・臨済禅師は、「われわれの仏性は、絶対的なもので、文字や解説で刃がたつものではない」。

僧は、「では、お経はウソですか。お釈迦さまが私たちをだますはずがありません」と食い下がります。すると臨済禅師は即座に、「それでは仏（真の人間性に目覚めた人）は、一体どこにいるのかね。さあ、今ここに出してみなさい」と肉迫しました。

この僧は文字にとらわれ、頭で経典を理解していたのです。

禅では経典を決して軽んじてはいません。ただ本来、経典は、あらゆるものに仏とかわらない仏性があるという真理を大前提としていますが、この真理を知識としてわかっているだけでは不充分なのです。自分自身が仏であるという自覚と、そこから生まれる自在《じざい》な働きが出てこないといけません。

ただ、そういう自覚に到らないとしても、経典と一つになって無心で読んでいるときは、「清浄《しょうじょう》な心」となります。その清浄な心は、真の人間性にとても近づいていると、世界的禅学者・鈴木大拙《だいせつ》博士は言っています。その境地も大切にしましょう。

Q なぜ開祖の栄西より白隠《はくいん》のほうが重んじられている？

日本の臨済宗は、一般的には栄西禅師が入宋《にっそう》して臨済宗の黄龍《おうりょう》派の禅を伝えたとされ、わが国の臨済宗の初祖とされています。

鎌倉時代の臨済禅の流れは、大体三つに分けられると思います。

①栄西禅師、聖一国師《しょういちこくし》（東福寺開山）、法《はっ》燈《とう》国師の流れ——教禅兼修といい、密教も合わせて学ぶやり方で、純粋に禅のみを修行するわけではありませんでした。

②蘭渓道隆《らんけいどうりゅう》（建長寺開山）や無学祖元《むがくそげん》（円覚寺開山）などの中国僧が伝えた鎌倉禅。

③南浦紹明《なんぽじょうみょう》（大応《だいおう》国師）が入宋して楊岐《ようぎ》派の法を伝え、宗峰妙超《しゅうほうみょうちょう》（大燈《だいとう》国師、大徳寺開山）、関山慧玄《かんざんえげん》（妙心寺開山）と法が継《つ》がれた、わが国の臨済禅の主流となる。これら三師の文字をとって「応燈《おうとう》関《かん》」と呼ばれる。

鎌倉時代、臨済宗は武士階級の宗教として次第に広まり、さらに日本人の精神的文化に多大

大燈国師（宗峰妙超）

な影響を与えてきました。

さて、臨済禅の流れは、③の応燈関の流れ以外は皆、絶えてしまい、この③の流れだけが続きます。しかし江戸時代になって、この流れも絶えそうになったとき、幸い白隠《はくいん》禅師が現われ、法脈は保たれました。白隠禅師は公案体系を新たに確立し、一般にも仮名法語《かなほうご》や書画を使って禅の布教教化につとめました。

この白隠禅師を応燈関に含めた「応燈関白」が今日の臨済禅の唯一正統な法の流れとされています。

Q なぜ坐禅をするのか？

お釈迦さまは正しい呼吸を得て、身心を調《ととの》えて、禅定力（集中力と心の落ち着き）を修めて悟りを開いたと、『阿含経《あごんきょう》』に示されています。

私たちは日常生活の中で、さまざまなことで心が揺れ動き、自分を見失いがちです。だから坐禅をします。姿勢を正して坐り、数息観《すそくかん》（「ひとー」で息を吐き「つー」で吸う、「ふたー」で息を吐き「つー」で吸う……というように数を数えながら呼吸を行い、十まで数えたらまた一に戻る）によって呼吸を調えると、自ずと心も調えられます。そういう行を積み重ねていきます。

一休禅師が、こんな言葉をのこしています。

「一寸《いっすん》（三・三センチ）の長さの線香が燃え尽きるくらいの短い時間でも坐禅をすれば、その間は仏である。毎日その行を積み重ねていくと、自分の顔や姿が五メートルくらいの大仏になる。そして仏のお顔やお姿が身について、自ずと本来の人間性が現われてくる」

あとは、あなたが坐禅を実践するだけです。

Q なぜ禅問答では奇妙な言動がなされるのか？

臨済禅では、師が弟子を接化《せっけ》（導くこと）するのに、棒喝《ぼうかつ》を用いたり、問えばオウム返しの如く同じ言句を返したりします。

こんな話があります。百丈《ひゃくじょう》という禅者が、修行のとき、師である馬祖《ばそ》禅師と一緒に歩いていました。野鴨子《やおうす》（雁《かり》のこと）の一群が飛ぶのを見て、「あれは何だ」と禅師は百丈にたずねます。

「あれは野鴨子です」と百丈が答えると、「どこへ飛んでいくのか」と禅師。

「もう飛んでいってしまいました」と百丈が答えると、いきなり禅師は百丈の鼻を引っつかんで、ねじあげました。百丈はその痛さに、思わず「痛い！」と悲鳴をあげます。

すると禅師は、「飛んでいったと言うか、まだここにいるではないか」と言ったのでした。

この瞬間、百丈は悟りを開いたと伝えられています。

野鴨子が飛んだことと自分の鼻がねじあげられたこととが、どう関わりがあるのか、悟りというが何を悟ったのか、門外漢にはさっぱり見当がつかないと思います。

ただ言えることは、禅では外にあるものを、単に「もの」と見ないで、一人称《いちにんしょう》で受けとめるのです。つまりこの場合、野鴨子＝百丈です。

では、「痛い！」と叫んだときの当体《とうたい》は、何ものでしょうか。百丈の「痛い！」という叫びは、全く「分別《ふんべつ》」が働いていない、ただ「痛い！」です。分別が働く以前の状態は、真実です。自己そのものです。

そのことを禅では、言葉で説明などしません。直接的に、弟子に気づかしめるのです。そのために禅の師は、常識から見たらとっぴな言動をとってきたのです。

Q 公案が通るということが悟りなのか？

公案は、禅の祖師方がどのようにして悟りを開いたか、その因縁《いんねん》を、後になって整理し、体系化して、師が弟子を悟りに導くために与える「問題」としたものです。

弟子は師から公案を与えられたら、その公案に必死になって取り組んで工夫し、解答（見《けん》解《げ》という）を出して、その解答でよいかどうか、師にみてもらいます。師がその解答を「よい」と認めれば、弟子は「その公案が通った」ということになります。

さて、「公案が通る」ということは、要するに祖師方の悟りを追体験することと言えますから、本来、一つの公案でも本当に透過《とうか》（通ること）できれば、悟りを開くことができるのです。

しかし、公案の体系ができると、一つ公案を透過するとまた次の公案を師から与えられ、それを透過したらまた次の公案へ……と、言わば悟りのための「梯子《はしご》」を上るようなかたちになりました。

けれども公案は、あくまでも手段であって、目的ではないのです。そして公案体系をすべて終えたとしても、最終的に力量と人格などが師に認められなければなりません。力量・人格などを師に認めてもらえて、初めて師から「法を継ぐ」ということが許可されるのです。

しかし、これでも真の悟りではないと、元妙心寺管長・倉内松堂《しょうどう》老師は言われました。かつて松堂老師は、

「（公案体系の）修行が一応終わっても、どうも自分としてははっきりしないところがあった。あるとき、指圧をやってもらっていて、立ち上がったとき、どしんと尻もちをついた。そのとき身心脱落《しんじんだつらく》したとはっきり確信できた」

と話されました。禅の体得はこれほど深く、容易ならざるものです。

Q 師と弟子の公案のやりとりは、なぜ秘密にするのか?

弟子たちが師に、工夫した公案の解答（見解）をチェックしてもらうこと（参禅）は、師が住まわれる隠寮《いんりょう》で行われます。弟子たちは一人ずつ順番に、師に参禅します。

参禅を待つ場所と隠寮は、とても離れており、参禅している弟子と師の問答のやりとりは、第三者には一切聞こえないようになっています。弟子一人ひとりに与えられている公案も違いますし、公案の進み方も異なります。

師と参禅している弟子との問答が、他の弟子の耳に入ってしまったら、その弟子が同じ公案を与えられたとき、前に聞いた問答のやりとりが頭にインプットされていて、必ず影響を受けざるを得ません。ですから、公案の工夫において、とても障害になってしまうのです。

さらに万が一、他の弟子の公案の見解が師に認められ透過したとき、それを耳にしてしまった弟子は、自分で公案工夫に精進しようという気力が失せてしまい、公案工夫が自分のものになりません。公案の工夫は、見解が通るまでのプロセスが、とても大事なのです。

もっとも師は、それぞれの弟子の力量を知り尽くしていますから、いきなり他の弟子の公案の見解を師に提しても、即座に見破られてしまいます。

師と弟子が隔離《かくり》されて一対一で問答するという方法は、臨済禅のもっとも特色ある教育方法です。

Q 悟りを目指すとは、どういうことか？

悟りとは、自己の修行（宗教経験）によって体得すべき境地であって、言葉でいくら説明してもわかるものではありません。

しかし一つの手掛かりとして、昭和の優れた禅者・山田無文《むもん》老師がお釈迦さまの悟りの体験を述べられたものを紹介することにします。

「この自由な心（本来の自己）を、生まれたときから私（お釈迦さま）は持っていた。それが妄念《もうねん》執着の雲（無明《むみょう》）に隠れて見えなかった。幸いに妄想執着がとれて、人間性の本性が、原点が自然に輝いてきたのだ。この本性は人間なら誰でも持っている。みんな持っている。奇《き》なるかな、奇なるかな、不思議だ。どうして持っている。誰からもらった。どうしてできた。この素晴らしい心を人間はみんな持っている。しかし毎日の生活にとらわれて、いらんことを考えるから、つまらないことにとらわれるから、その本性が現われないだけだ」

このように本来の自己を観ること（見性）、悟ることを目指して修行するのが臨済禅の根本です。

Q 臨済宗と黄檗宗《おうばくしゅう》との違いは？

黄檗宗の宗祖は、隠元隆琦《いんげんりゅうき》（一五九二～一六七三）です。徳川四代将軍家綱《いえつな》公の招請《しょうせい》によって、中国の福建省《ふっけんしょう》の黄檗山萬福寺《おうばくさんまんぷくじ》から、わが国に渡ってきました。

わが国の京都・宇治《うじ》にある萬福寺が、黄檗宗の本山です。

黄檗宗も、お釈迦さまの悟りの体験を、祖師方がとぎれることなく引き継いできた法の流れを相承《そうじょう》し、坐禅をして公案に参じ、本来の自己に誰でも目覚めることを教えとしています。

黄檗宗は、臨済禅の教えを継承しており、教義的には同じと言っていいのですが、江戸時代にわが国に入ってきたこともあって、ちょうど中国・明《みん》の時代の臨済禅がそのまま導入されています。ですから、若干宗風《しゅうふう》が相違しています。たとえば、「南無阿弥陀仏」と念仏を称《とな》えながら坐禅をすることがあります。また、お経の読み方や、鳴らし物の使い方なども異なります。

さらに黄檗宗が伝承する独特な食文化、隠元禅師が中国から伝えた精進料理「普茶《ふちゃ》料理」も有名です。植物性油と葛《くず》を多く用いる料理で、四人で一つの座卓を囲んで食べるというのが特徴です。

Q 「師家《しけ》」とはどのような存在か？

臨済禅の修行の場を「僧堂《そうどう》」と言います。僧堂は師家と雲水で構成されます。「行雲流水《こううんりゅうすい》」という言葉から修行僧を雲水と呼ぶようになりました。

師家は、修行僧をして本来の自己に目覚めさせるべく、公案を与えて工夫させます。そして悟りの境地から自在に語る「提唱《ていしょう》」を通して、修行僧を悟りへと導いていきます。

さて、師家の資格とはなんでしょうか。今日では、公案体系をすべて透過し、自分の師によってその境地を認められ、僧堂の指導者として選ばれた方を言います。

Q 在家《ざいけ》の人でも坐禅で悟りを開けるか？

僧侶と一般の在家の方の区別はなく、修行をすれば、お釈迦さまや禅の祖師方と同じように、本来の自己に目覚めることが誰でもできると、臨済宗では説いています。

ただし、悟ること＝見性《けんしょう》は、容易ではありません。しかし、だからと言って、「見性を得られるのは、宗教的資質に恵まれた、ほんのわずかな人だけ」などと考えるべきではありません。それでは小乗的な教えになってしまいます。

決して見性をあきらめてはいけません。坐禅をして禅定力がつけば、物事を、余計な思いにとらわれず、ありのままに見ることが次第にできるようになります。

「見」という字には、「現われる」という意味もあるのです。つまり禅定力がつけばつくほど、本来の自己が現われる、働きだすということです。

なお、禅は、坐禅をとても大切にしますが、日常、身体を動かすときでも、自分が今している仕事や目の前の物事と一つになって（心をそこに置いて）、打ち込むべきです。これは「動く坐禅」と言ってもいいでしょう。つまり、仕事などで身体を動かしながらでも、坐禅と同様の修行ができるということです。在家の方は、そのようなやり方で見性を求め続けるべきです。

禅は「身心学道《しんじんがくどう》」と申します。身と心は一つです。それを忘れることなく修行すれば、僧侶・在家の区別なく、とてもさわやかな境地を体得できるのです。

7 曹《そう》洞《とう》宗《しゅう》への疑問

関口《せきぐち》 道潤《どうじゅん》

Q 新時代に向けて目指すものとは？

仏教とは「自覚の法門」です。自身の命の危うさや自身の生活態度の脆《もろ》さに気が付き、それに順応し、乗り越えて行くのでなければ自覚の法門とは言えません。自分の住む今の世界は、自分の誕生と共に生まれ、自分の臨終と共に消えて行きます。

「そんなバカな事はない。自分の存在や命とは関係なく、この世は存在するし、あんた一人がいなくても、この世は何も変わらない」

――私の独り言に対して、そんな反論は当然あるでしょう。しかし、それでも、私の人生は周囲の人や、あらゆる存在、私を取り巻くすべてが、私と共に生き、私と共に在ります。それはすでに亡くなった肉親や友人、知人、私が出逢った住処や仕事場、駆け巡った山や川、海や空、良い思い出、耐えがたい哀しみもみんな入っています。しかも人の死とはそれらの思い出だけでなく、その人の持つ世界と共に去ってしまいます。

はっきりしている事は、誰でもみんな裸で生まれ、裸で死んでゆく。死ぬときは誰も助けてくれません。自分の意志とは関係なく、ただ一人あの世へ旅立ちます。だからそこに至るまでの間、体力気力の失せないうちに、精一杯生きなければなりません。

良寛様の句に、

「裏をみせ、表をみせて散るもみじ」

とあります。むかしの言葉でも、結構新しい響きがあります。

Q 永平寺《えいへいじ》と總持寺《そうじじ》――二つの本山があるのはなぜ？

日本仏教の各宗派には、必ず本山が複数あります。天台の山門《さんもん》（比叡山）と寺門《じもん》（三井寺）、真言の高野山以外に豊山《ぶざん》派（長谷寺）と智山《ちざん》（智積院《ちしゃくいん》）。浄土宗の知恩院と西山《せいざん》三派、本願寺の浄土真宗本願寺派と真宗大谷派さらには臨済宗、日蓮宗の各派というように多種多様です。

つまり一つの宗派に一つの大本山なんていうのはナンセンスかもしれません。これらの宗派はそれぞれ別個の包括宗教法人となって一宗を統括していますが、曹洞宗の包括宗教法人

永平寺

總持寺

は「曹洞宗」一つだけで、永平寺と總持寺は別々の宗派とはなっていません。むしろこちらの方が不思議でしょう。むかしから日本曹洞宗では、その根本道場永平寺を開いた道元禅師を高祖と仰いで父にたとえ、曹洞宗を全国に広めた總持寺を開いた瑩山《けいざん》禅師を太祖と仰いで母にたとえています。

Q 只管打坐《しかんたざ》とは何か？

私は二十歳のころ、内山興正《こうしょう》老師の『自己』という本を読みました。そこには、

「何かをアテとした精進には、アテがはずれる失望があり、たんなる刺戟的生き甲斐に生きる人生には、途切れがあります。……それに反し、〝万物はオレ〟〝どっちへどう転んでもわが生命〟というとき、貧乏すれば貧乏、病気すれば病気、死ぬときには死、――それぞれすべてが、わが子の面倒をみる気持、われとわが生命を大切にするよろこび、目の前に現れたすべての縁に対して学ぶ心です。……わたしが生きているこの二十世紀という時代こそはわが生命であり、いま出逢うこの隣人への愛こそは、わが生命でなくてはなりません」

と書いてありました。私はそれまでにこんな抱

擁力があり、しっかりと人生の指針を言い当てた言葉に出逢った事がありませんでした。それが縁となり、二十一歳の春、京都安泰寺《あんたいじ》内山老師の許で出家して仏弟子となりました。

老師は弟子となった私に対し、

「坐禅修行というのは、決して他人のモノマネをしたり、他人と競争することではありません。ただ自己が自己の人生を大切に生きることなのです。――それはたとえて言えば〈スミレはスミレ、バラはバラ。スミレの花がいやだといってもバラになることはできないし、バラがスミレになることもできない。大切なのは自己の人生の花をしっかりと咲かせることとです〉」

と明解に示し、そのためには、

「地位も資格もいらない、金も財産も必要ない、貧しく乏しく黙って十年坐れ」

と教えてくれました。当時の安泰寺では一年間にほぼ一千時間の坐禅があり、これを「十年無条件で続けなさい」と言うのでした。

十年が過ぎた時、私が再び同じ質問をすると老師は「もう十年坐ったら……」と言われ、二十年が過ぎたころにはもう、そんな質問をしなくても、あとは生涯続けていくという坐禅を本尊とする信仰生活が出来上がっていました。

内山興正老師

これは道元禅師が南宋の

如浄《にょじょう》禅師から、「只管打坐――ただひたすら坐る」の言葉で学んだ坐禅です。

Q 曹洞宗の本尊とは?

現在、日本曹洞宗では正面に釈迦牟尼仏《しゃかむにぶつ》、右に道元禅師、左に瑩山《けいざん》禅師を合わせ奉り、これを三尊仏と呼びます。曹洞宗の寺は以前、別な宗派の寺だった事も多く、それが室町時代以降に曹洞宗に代わったため、その歴史的経緯に従い、観音菩薩、地蔵菩薩、薬師如来、阿弥陀如来もあります。

また『修証義《しゅしょうぎ》』に、

「過去現在未来の諸仏、共に仏となる時は必ず釈迦牟尼仏と成るなり、これ即心是仏《そくしんぜぶつ》なり、即心是仏《そくしんぜぶつ》というは誰というぞと審細に参究すべし」

とあるように、仏教における本尊としての仏像はいわゆる偶像崇拝と違います。坐禅の見本、慈悲の具体的表現、救済の姿を現したものが仏菩薩の像であって、それに導かれて坐禅する自己本来の姿が本尊でなければなりません。

Q 道元はなぜ大小便の作法まで厳しかったのか?

坐禅修行は、坐禅の仕方から始まり、具体的調身《ちょうしん》、調息《ちょうそく》法、致心《ちしん》法――つまり心の整え方に至るのですが、その日常的、具体的転換として、修行道場での一日の過ごし方、具体的な顔の洗い方、便所の入り方、入浴方法、さらに食事作法、食事の作り方、先輩や同僚、後輩への接し方などがこと細かく示されます。それらすべてかけがえのない、他人に代わってもらう事のできない絶対世界の出来事であり、現実に経験し、対面している自己と自己の出逢い以外に、別な価値は何も存在していない以上、その自己と自己の出逢いを最大限に大切にし、その生かし方、生き方を見出してゆかなければなりません。

道元禅師の教えはまさに万人共通の生きる人間の事実です。この何の変哲もない日常の生活と、自身が出逢い体験していること、出逢う人、出逢う一切の物事がそのままわが命の分身であり、それをすべて――全現――と受け止め、その命を大切に生きて行こう。というのがその基本で、これを「不染汚《ふぜんな》の修証《しゅしょう》」ともいいます。「私が他人や自身のために何か良いことをしてあげた」――そう意識したら、その刹那に自分のしてきた命の発現はたちどころにけがれてしまうということなのです。

『正法眼蔵洗浄《しょうぼうげんぞうせんじょう》』の冒頭に、

「仏祖の護持しきたれる修証あり、いはゆる不染汚なり」

とあります。また禅師は、

「身心は決して汚れているわけでないが、身体を浄め、心を浄める作法がある。それはただ身体や心を浄めるだけでない、国土や樹下をも浄める。……仏となってもなおやめることがない。……作法がそのまま宗旨《しゅうし》であり、道と一体となることが作法なのだ」

と教えます。そこでは、さらに具体的に東司《とうす》――便所の入り方、大小便をした後になすべき作法が細部にわたって説かれています。

Q 坐禅をしてどんな心境になろうとしているのか？

『典座教訓《てんぞきょうくん》』に、三心（喜心・老心・大心）の教えがあります。これが坐禅修行者の目指す行の世界の結論です。

喜心《きしん》とは喜びの心です。もし自分が天国に生まれ恵まれていたら、楽しみに浸って努力しようとはせず、修行など夢にも思い浮かびません。それなのにいま自分は人間に生まれ、しかも修行道場で修行者たちの食事を作るという幸運に出逢った。これは最も喜ぶべきです。また地獄、餓鬼、畜生、修羅等の世界に生まれても、自分の手で三宝供養の清らかな食事を作る事ができません。今生に人間としてこれを作る事ができるのは最高の人生だと受け止める事こそ喜びの心です。

老心《ろうしん》とは父母の心、親心です。仏法僧の三宝を大切にするには我が子を育てる親心に学ぶべきです。親が子を労《いた》わるように、台所の水や米麦を大切にしなくてはなりません。

大心《だいしん》とはどちらにも傾かず平等公平な心です。それは今の出逢いこそが最高のものと受け止める度量の心です。

科学技術や生活環境には確かに進歩発展があります。しかしそれを享受する人間自体は進歩するどころか退化する傾向にあります。人間自身が進歩発展するとは、人格的にいかに成長するか——いかに大人になるかにかかっています。これを道元禅師は三心で表現されたわけです。

Q 「無所得《むしょとく》、無所悟《むしょご》」といって悟りを求めないとは、どういうことか？

私のする坐禅は悟りという、何か決まった価値をめざし、その発見のために修行するのとは違います。その坐禅は人が呼吸するのに、一度だけ大きな呼吸をして、後は全く呼吸しないという横着なものではなく、今の呼吸は今呼吸する。こうした坐禅を別な表現をすれば「無所得、無所悟の坐禅」といいます。

ではなぜ悟りを求めないのか？　以前、ある禅僧に「坐禅は何のためにするのか」と質問したところ、「坐禅は何かのためにするのではない。ただするのだ」と答えたという有名な話があります。私の師匠は、

「人間が何かアテを描いて努力すれば、必ず行き詰る。人間の思惑を超えた世界に生きなければならない」

と教えました。坐禅とは限界ある人間が、その拙いアタマで考えついた事でなく、思っても思わなくてもある意識以前の生命の実物に目覚める事なのです。

Q どうして典座《てんぞ》の仕事を重要視するのか？

坐禅修行道場では、食事の支度は修行者自身が作ります。これはいわゆる「南方上座部仏教」のように午前中は町に出て信徒の供養食を受け、それだけで生活するという形態とは異なり、その根本は自給自足です。しかし食事の支度をする主婦や母親がいないから、仕方なく修

行者が食事の支度をすると考えたら、たいへんな間違いです。

道元禅師の教えは、宗教体験の世界を説く『正法眼蔵』と、修行道場生活の規範やその心構えを述べた『永平大清規《えいへいだいしんぎ》』の二つに大別されます。その『永平大清規』の第一に収録される『典座教訓』は修行道場での食事の重要性について書いてありますが、それ以上に食事を作る事が具体的宗教生活の指針であり、終極でもあると述べます。それは「自己自身の人生をいかに料理するか」という事を細かく指摘します。別な言葉でいえば「人生料理の本」とも言うべき、人生の指南書です。

道元禅師は二十四歳のとき、求道のため中国に渡ります。その禅師が上陸許可を待って明州（現在の寧波《ニンポー》）の港で船中にあるとき、阿育王山の典座が翌日端午の節句の御馳走として修行者に麺汁（現在のかけうどんのようなものか）を作ろうとしたけれど、ダシにする椹《じん》（椎茸と考えられている）がなかったので、日本から入港した船に、それを購入するためにやってきたときのことです。

道元禅師はせっかく逢うことのできた中国の禅僧と一夜ゆっくり語り明かそうとしましたが、六十一歳になる阿育王山の老典座は「今日中に私が帰らなければ、明日の供養ができなくなる」と固辞します。禅師は「貴方は長らく修行された老僧です。あなたは坐禅や古人の教えを勉強していればよいのに、何故そんなに典座の仕事にこだわるのですか。あなたが典座の勤めをしなくとも、他に代わって勤める人があるでしょう」と言うと、老典座は「外国から来た元気な若者よ、貴方は修行も禅の教えも何も分っていないようですね」と笑われてしまったと詳細に述べています。後にこのことが機縁となって、改めて坐禅修行や禅の教えに目を向けなおしたと記されます。

Q あの難解な『正法眼蔵《しょうぼうげんぞう》』を当時の弟子たちは理解できたのか？

道元禅師の『正法眼蔵』は一般人には大層難しく、深遠な宗教哲学の世界が描かれていると思われがちですが、それは誤りです。たとえば自動車運転を教えるのに、自動車の構造、操作方法、道路規則だけを教えて、実地教習をしなかったらどうでしょうか。自動車運転とは、なぜこんなに難しいのか、運転教本は難解だということになるでしょう。しかし実際には実地教習を行うために、その難解な教本の内容も少しずつ理解され、ついには公道や高速道路でも自由自在に安全で巧みな運転が可能になります。

しかし、それにしても『正法眼蔵』は難しい説示が至る所に展開されています。現代人が、「あの難しい『正法眼蔵』を当時の弟子たちは理解できたのですか」――と疑問を持つのも理由があります。

鎌倉・室町・江戸の時代に曹洞宗の地方寺院の徒弟たちは、日常的には『参同契《さんどうかい》』、『宝鏡《ほうきょう》三昧《ざんまい》』、『証道歌《しょうどうか》』、『法華経』、『金剛経』、『西《せい》来家訓《らいかくん》』、『天台四教儀《てんだいしきょうぎ》』などを比較的よく学習していたようです。したがってよほど特別な教育機関や「眼蔵家」と呼ばれる師家のいた寺院以外では、『正法眼蔵』はほとんど読まれていなかったと言った方が近いです。だから、あ

西有穆山老師

の難しい書物を誰でも理解していたと考えない方が良いでしょう。ただし、それでは当時の曹洞宗僧侶は『正法眼蔵』の世界を全く知らないでいたのかというと、決してそうではなかったようです。

『正法眼蔵』の研究家として名高い西有穆山《にしありぼくざん》禅師が高齢になっても、自分の使用する「雪隠《せっちん》（便所）」はいつも自分で掃除していたので、側近のものがある日「禅師様は高齢です。雪隠の掃除は私がしますので、禅師様はもうおやめください」と申し上げると西有禅師は、

「貴公はわしの雪隠を掃除できるだけの修行を積んでいないではないか」

とたしなめられたという逸話があります。

人間は常に他人に対しての自分を意識し、他人と自分を比べることから、自分を勝者または敗者と置き換え、優越感や劣等感を構築します。でも本当はそんな暇があったら、その比較をやめ、手足を組み、呼吸を整え、ひと時の坐禅をし、その坐禅に安住するとき、「自分は他人と比較する以前にこの身体が与えられ、自身の住まう世界も与えられており、それだけではない、自分が意識しなくとも、規則的に呼吸がなされ、血液が循環し、細胞が分裂し、命そのものを形成してくれていた」という、自身と自身の住まう世界の神秘、広大さに気が付くと、それはやがて、自身を他人と比較する問題か